Fritz Zehetner

Talente erkennen und nutzen !

Potenziale aktivieren !

Verlag TOP im JOB

Fritz Zehetner

Talente erkennen und nutzen & Potenziale aktivieren

Struktur • Beziehung • Werte • Handlung • Phantasie • Spontaneität

SIZE Prozess® basiert auf den wissenschaftlichen Erkenntnissen der Transaktionsanalyse Eric Bernes und seiner Nachfolger, der klassischen Entwicklungspsychologie, sowie der Bioenergetik nach Alexander Lowen und Ron Kurtz.

Verlag Top im JOB GmbH · Marchtrenk

Top im Job GmbH. Marchtrenk

© SIZE Prozess Figuren:	Peter Smetacek
Grafiken und Umschlag	Fritz Zehetner
Bilder:	PhotoCase.com
Lektorat:	Gabriele Zehetner
	Gustav Stor
	Mag. Jürgen Göttl

ISBN-13
978-3-902489-11-1
ISBN-10
3-902489-11-1

(2.Auflage)

Version 1.2 - 2007

Symbole, die Sie durch das Buch begleiten

	Persönlichkeits-Stil: Einfühlsam
	Persönlichkeits-Stil: Analytisch
	Persönlichkeits-Stil: Werteorientiert
	Persönlichkeits-Stil: Aktiv
	Persönlichkeits-Stil: Ruhig
	Persönlichkeits-Stil: Kreativ
	Fragen zur Überprüfung (Fragen, um Inhalte zu vertiefen, Selbstreflexion)
	ÜBUNG
	Tabelle für Schnellleser (für Querleser und Querdenker)

Inhalt

Vorwort

Mit diesem Buch möchte ich Sie in die Theorie und Praxis von SIZE Prozess einführen. Ich wende mich dabei an Leser, die sich einerseits die einzelnen Konzepte selbst erarbeiten wollen, und andererseits an Personen, die in Seminaren, Workshops und Entwicklungsprozessen SIZE Prozess kennen gelernt haben und nun dazu vertiefende Informationen suchen.

Mein Ziel ist es, Ihnen mit diesem Buch unterschiedliche Brillen aufzusetzen, mit denen Sie sich und andere Menschen in unterschiedlichen Situationen aus unterschiedlichen Perspektiven betrachten können. Ich bin mir sicher, dass sich dadurch für Sie neue Blickwinkel ergeben, die Ihnen helfen werden, viele private und berufliche Situationen in Ihrem Leben neu zu bewerten, zu neuen Schlussfolgerungen zu kommen und damit Ihre Handlungsoptionen im Alltag spielerisch und treffsicher zu erweitern.
Es wird Ihnen damit gelingen, mit Menschen noch leichter in Kontakt zu kommen als bisher und Beziehungen partnerschaftlich zu gestalten.

Ich wünsche Ihnen, dass es Sie und viele andere Menschen inspiriert und anregt, sich mit SIZE Prozess eingehender zu befassen. Ich wünsche Ihnen aber auch, dass Sie beim Einsetzen und der Anwendung von SIZE Prozess im beruflichen und privaten Alltag dieselbe Begeisterung und Freude empfinden, die mir und unserem Team zuteil wurde und immer wieder zuteil wird.

Mein ganz besonderer Dank gilt meiner Frau Gabriele und meinen beiden Töchtern Anna und Katja, die mich als gestressten Autor ertragen haben. Ganz besonders bedanke ich mich bei meiner Frau, die Korrektur gelesen und viel Zeit für dieses Projekt geopfert hat. Sie ist mir eine fachlich kompetente Partnerin, die mich über lange Jahre unermüdlich unterstützt und immer wieder mutig gemacht hat. Vielen Dank dafür!

Marchtrenk, August 2006 *Fritz Zehetner*

SIZE Prozess® Persönlichkeiten

Landkarte unterschiedlicher Persönlichkeits-Stile

Sonntagnachmittag bei einem Spaziergang im Park. Trotz Sonnenscheins ist die Stimmung zwischen Andrea und Klaus eher frostig. Es gibt Spannungen zwischen den beiden, die sich in den letzten Wochen und Monaten aufgebaut haben. Klaus ist der Beruf wichtig, denn er sucht Anerkennung für Leistung und Erfolg. Er arbeitet viel und es bleibt immer weniger Zeit für Beziehung und Familie. Für Andrea kommt zuerst die Familie, und dann erst Beruf und Karriere. Sie hat sich immer Kinder gewünscht und für sie ist mit der Geburt der beiden Töchter ein Lebenstraum in Erfüllung gegangen. Andrea liebt Klaus - dennoch ist sie mit der derzeitigen Situation unglücklich. Sie fühlt sich mit den Kindern alleine gelassen und durch die häufige Abwesenheit von Klaus fehlt ihr seine menschliche Nähe. Klaus kann Andrea nicht verstehen. Tut er denn nicht alles für die Familie, rackert sich ab und dennoch muss er sich die Vorhaltungen von Andrea anhören? Klaus schlägt vor, die Emotionen einmal beiseite zu lassen und das anstehende Problem mit Logik und Verstand zu lösen. Doch da bricht Andrea in Tränen aus und wirft Klaus mit bebender Stimme vor: „Du bis so wenig sensibel und hast überhaupt nichts kapiert. Alles musst du analysieren - es fehlt dir einfach das Gefühl, um mich zu verstehen!“

Was ist passiert? Warum reagieren Andrea und Klaus so unterschiedlich?

Trotz gleicher oder ähnlicher Situation fallen Verhaltensweisen von Personen unterschiedlich aus. Wenn wir uns in unserem privaten oder beruflichen Umfeld umsehen, werden wir unterschiedliche Merkmale, Eigenschaften und Verhaltensmuster von Personen beobachten können. Auch bei uns selbst erleben wir, dass wir je nach Situation, Stimmung, Rolle oder Umfeld, flexibel unterschiedliches

Verhalten und Reaktionen im Alltag zeigen. Man könnte es als flexibles Anpassungsverhalten aus unserem anpassungsfähigen Teil unserer Persönlichkeit bezeichnen. Wir setzen dieses Verhalten bewusst ein, weil es uns als angemessen, sinnvoll oder aufgrund vermuteter Umwelterwartungen als logisch erforderliches Verhalten erscheint.

Andererseits können wir bei uns oder anderen Persönlichkeiten dominierende Anpassungsmuster beobachten, mit denen wir in vielen Situationen relativ konstant und häufig auf unsere Umwelt reagieren. Unser Verhalten, unsere Reaktionen, sowie die dazu gehörenden Gedanken und Gefühle bleiben dabei weitgehend gleich. Besonders in Stress- und Drucksituationen wird die Flexibilität und Bandbreite unserer Verhaltensmuster erheblich eingeschränkt und typische Verhaltensmuster werden sichtbar. Letztlich sind es unsere Verhaltensmuster, unsere Gedanken und Gefühle, die für uns typisch sind, die das ausmachen, was wir unsere Persönlichkeit nennen - und die uns von anderen Menschen unterscheidet.

Allgemein kann man davon ausgehen, dass sowohl genetische Faktoren, als auch das Aufwachsen in einer bestimmten sozialen Umgebung, die Entstehung von bestimmten Persönlichkeits-Stilen bewirken. Persönlichkeits-Stile stehen eng in Verbindung mit bestimmten Merkmalen, Eigenschaften und Verhaltensmustern. Verschiedene Persönlichkeits-Stile können zu einer „Landkarte“ der individuellen Persönlichkeit zusammengesetzt werden. Diese Landkarte kann uns Orientierung und den Zugang zu uns selbst und zu anderen Menschen erleichtern.

Eine Landkarte kann sehr nützlich sein, wenn Sie eine Urlaubsreise planen. Sie erkennen Entfernungen, große Straßen, wichtige Kreuzungen, Berge, Seen, große Flüsse. Sie können den Benzinverbrauch und die Fahrzeiten schätzen oder sogar ziemlich genau berechnen.

Betrachten Sie die, im Folgenden idealtypisch beschriebenen Persönlichkeits-Stile als „Landkarte“, als Hilfsmittel zur besseren Orientierung im Gelände. Diese Landkarte bietet Ihnen Orientierung, gibt Ihnen Sicherheit, bietet Ihnen eine Basis, um zu planen und im beruflichen und privaten Alltag erfolgreich zu handeln. Dennoch ist die Landkarte nicht das Gelände.
Richtig eingesetzt wird Ihnen diese „SIZE Prozess® - Landkarte“ wertvolle Dienste leisten und Ihnen den Weg zu sich und anderen Menschen und deren Persönlichkeit weisen.

Genauso verstehen sich die folgenden Beschreibungen der Persönlichkeits-Stile, anhand der SIZE Prozess® Landkarte der Persönlichkeits-Stile. Sie helfen Ihnen zur Orientierung - nicht mehr, aber auch nicht weniger. Sie geben uns Hinweise darüber, wie verschiedene Personen ihre Umgebung wahrnehmen, wie sie am liebsten mit uns Kontakt aufnehmen, wie wir Zugang zu ihnen finden, um mit ihnen in Kontakt zu kommen. Ebenso zeigt sie uns die Richtung, wie verschiedene Persönlichkeiten Aufgaben und Probleme lösen und nach Lösungen suchen.

Einfühlsam beziehungsorientiertes Mitfühlen	**Analytisch** faktenorientiertes Denken	**Aktiv** impulsives Handeln

Werteorientiert werteorientiertes Denken	**Ruhig** phantasievolles Beobachten	**Kreativ** humorvolles Reagieren

Als besondere Aspekte der SIZE Prozess Persönlichkeits-Stile werden Sie in diesem Arbeitsbuch folgende Themen vorfinden:

- *Charakteristika der Persönlichkeiten*
- *SIZE Prozess Bezugssystem*
- *Innere Dynamik der sechs Persönlichkeits-Stile*
- *Wahrnehmung und Bezugssystem*
- *Wahrnehmungsbrillen*
- *Überzeugungen im Leben*
- *Kontakt und Falltüren*
- *Kommunikations-Stile*
- *Motivation*
- *Arbeitszufriedenheit*
- *Stärken, Begabungen & Talente*
- *Zugänge zu Aufgaben und Problemlösungen*
- *Misskommunikation und Stressmuster*
- *Psychologische Spiele*
- *Entwicklung der Persönlichkeit*
- *Entwicklungsphasen von Menschen*
- *Personal Reteaming*

ÜBUNG:
Kennen Sie diese Verhaltensweisen?

Halten Sie dazu gleich Ihre Bilder, Gedanken, Gefühle und Erfahrungen mit diesen Persönlichkeiten fest:

Einfühlsam
beziehungsorientiertes Mitfühlen

Diese Personen investieren in der Zusammenarbeit mit anderen die meiste Energie in das Gefühl. Es gelingt Ihnen damit gut, Beziehungen aufzubauen und zu erhalten. Andere Personen erleben Sie als warmherzig und fürsorglich.

Analytisch
faktenorientiertes Denken

In der Zusammenarbeit mit anderen Personen sind diese Personen vor allem an der Sache interessiert und verwenden die meiste Energie für analytisches Denken. Andere erleben sie als an Daten und Fakten interessiert.

Werteorientiert
werteorientiertes Denken

Diese Personen stellen hohe Anforderungen an sich selbst, an Mitarbeiter und Kollegen. Andere erleben sie als gewissenhaft und ausdauernd. Sie legen Wert auf Loyalität, Zuverlässigkeit, Werte, Ordnung und Autorität.

Kreativ
humorvolles Reagieren

Diese Personen zeigen sich lebhaft, spielerisch, humorvoll und kreativ. Im Kontakt mit anderen sind sie locker, ja manchmal sogar ironisch oder neckend. Sie lieben das Auffällige, vielleicht auch Provozierende und stehen gerne im Mittelpunkt.

Aktiv
impulsives Handeln

Diese Personen zeigen sich aktiv, flexibel, charmant, überzeugend und spontan. Das, was sie schätzen, sind aufregende Aufgaben und Situationen. Sie streben den Mittelpunkt, Freiheit und auch stimulierendes Risiko an.

Ruhig
phantasievolles Beobachten

Aufgaben und Probleme lassen sich für diese Personen mit Ruhe und Abstand lösen. Sie wirken still und zurückhaltend. Sie arbeiten am liebsten alleine und zurückgezogen.

SIZE Prozess Persönlichkeits-Profile

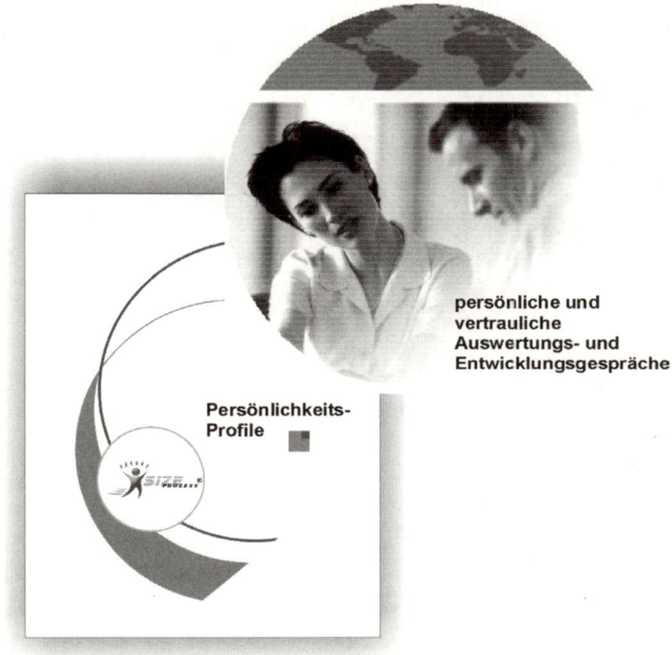

Der Beginn einer Entwicklungsreise...

SIZE Prozess® Persönlichkeits-Profile & Potenzialanalysen sind professionelle Selbsteinschätzungen und persönliche Standortbestimmungen. Sie erfassen und beschreiben wichtige Persönlichkeits-Charakteristika, Stärken, Begabungen, Talente und Entwicklungspotenziale. Sie können für die Personalauswahl ebenso eingesetzt werden, wie für Trainings- und Entwicklungsprozesse von Personen, Teams und Organisationen.

Das Verhalten von Personen ist stark abhängig von ihrer Umwelt. Aus diesem Grund besteht bei Einzelprofilen bei SIZE Prozess zusätzlich die Möglichkeit zu einer 360-Grad-Einschätzung, mit der ein kompletter Selbstbild-Fremdbild-Vergleich hergestellt werden kann. Dazu steht ein speziell dafür entwickelter 360° Online-Fremdeinschätzungs-Fragebogen zur Verfügung. Im Persönlichkeitsprofil wird das Ergebnis der(anonymen) 360° Einschätzung grafisch in Gegenüberstellung zur eigenen Einschätzung sichtbar.

Auch für Team- und Organisationsentwicklung steht ein SIZE Prozess 360° Online-Fragebogen zur Verfügung. Team oder Organisationsmitglieder schätzen damit ein, wie sie sich selbst als Team oder als Organisation wahrnehmen. Damit können ebenso Persönlichkeits-Charakteristika, Stärken, Begabungen, Talente, Kulturmuster und Entwicklungspotenziale z.B. von Teams und Unternehmen rasch und effizient sichtbar gemacht werden.

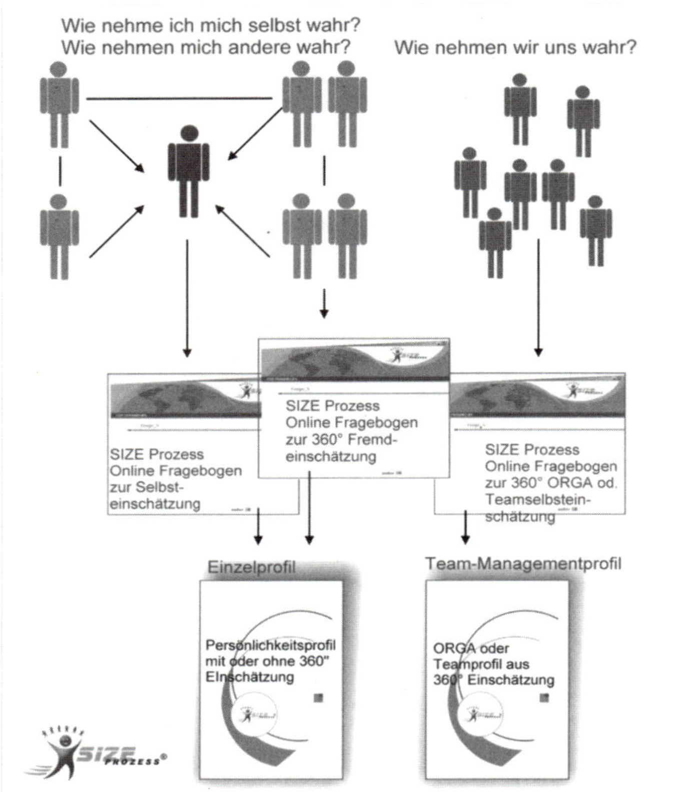

© SIZE Prozess zur Selbst und Team/-Organisationseinschätzung 2007

Die SIZE Prozess® Persönlichkeits-Profile können Sie von zertifizierten Trainer/innen und Berater/innen beziehen.

Nähere Infos unter: <u>**www.sizeprozess.at**</u>

Charakteristika der SIZE Prozess Persönlichkeiten

Wie werden Persönlichkeits-Stile sichtbar?

Paul ist Geschäftsführer eines Dienstleistungsunternehmens:

> *Vor kurzer Zeit hat Paul probeweise einen neuen Mitarbeiter eingestellt. Bei den ersten gemeinsamen Arbeiten stellt er fest, dass dieser zwar fachlich sehr kompetent ist, sich aber eher ungeschickt bei der Kommunikation mit Kunden anstellt. Paul ist nun unsicher, ob er den neuen Mitarbeiter fix einstellen soll. Strukturiert versucht er nun zu einer Lösung zu kommen. Er setzt sich an seinen Schreibtisch, nimmt ein Blatt Papier und unterteilt es mit Linien in eine linke und rechte Hälfte. Rechts notiert er alle Stärken, die er beim neuen Mitarbeiter beobachtet hat, links die Schwächen. Nachdem er so Vor- und Nachteile aufgelistet hat, zählt er die Vorteile und die Nachteile zusammen und kommt zu dem Ergebnis, dass vier Faktoren für und sieben gegen den neuen Mitarbeiter sprechen. Er beschließt daher, das Arbeitsverhältnis nicht zu verlängern. Elisabeth, seine Kollegin, hat aber Mitgefühl mit dem neuen Mitarbeiter und meint: "Paul, kannst du ihm nicht dabei helfen, mit den Kunden besser zu kommunizieren?"*

Klaus ist Musiker in einer Band:

> *Klaus ist ein zuverlässiger Musiker und erscheint gewissenhaft zu allen Proben. Er ist immer wieder bereit, anstehende Aufgaben in die Hand zu nehmen und die Verantwortung dafür zu tragen, dass sie erledigt werden. Er ist so etwas wie das moralische Gewissen der Band. Er beeinflusst, welche Musikstücke gespielt werden sollen und welche nicht. Einen Titel einzustudieren, für den Klaus nicht seine Zustimmung gibt, ist so gut wie unmöglich oder es bedarf end-*

loser, zermürbender Diskussionen. Bringt Klaus Vorschläge ein, duldet er hingegen wenig Widerspruch und kann auch schon einmal sehr bewertend werden. Läuft ein Auftritt nicht nach Plan, weil ein Musiker seinem Instrument den einen oder anderen falschen Ton entlockt, wird er kritisch. Klaus wacht mit Argusaugen darüber, dass die Musikanlage in einem ordentlichen Zustand ist und, dass alle Kabel, Verstärker und Boxen nach einem Auftritt ordnungsgemäß abgebaut werden. Er mag keine Schlamperei und so mancher Musikkollege musste sich schon eine kleine kritische Standpauke dazu gefallen lassen.

Alexander ist Mitarbeiter einer Steuerberatungskanzlei:

Alexander wirkt auf andere ruhig und bedächtig. Er wird als intelligent und zuverlässig beschrieben. Seine beiden Seniorchefs sind begeistert davon, wie er es geschafft hat, die Steuerberaterprüfung innerhalb kurzer Zeit mit Auszeichnung abzulegen. Als Belohnung und gedacht als Motivation, teilen sie ihm einen eigenen Kundenstock zur selbständigen Betreuung zu. Wurden ihm früher Aufgaben zur Bearbeitung zugeteilt, hat er nun verstärkt direkten Kundenkontakt. Drei Monate, nachdem Alexander die neue Funktion übernommen hat, kündigt er und gibt an, dass ihm die neue Rolle zu stressig ist. In einer anderen Steuerberatungskanzlei erhält er wieder Aufgaben zugeteilt, mit denen er sich zurückziehen kann, und die er mit wenig Kundenkontakt alleine erledigen kann.

Martin zeigt sich gerne humorvoll und spontan:

Bereits bei der Begrüßung macht Martin mit Späßchen und ironischen Bemerkungen auf sich aufmerksam. Manche bezeichnen ihn als witzigen "Paradiesvogel", andere wiederum als kindisch und übertrieben. Obwohl Martin stolze 120 kg - bei einer Körpergröße von 176 cm - auf die Waage bringt, hat er bei einer Vereinsveranstaltung beschlossen, als Ballerina aufzutreten. Zum Gaudium der Besucher! Natürlich hatte er alle Lacher auf seiner Seite und er plant bereits den nächsten Auftritt. Diesmal soll es die „Rockröhre" Tina Turner sein. Klaus, ein Werteorientierter, kann über so viel

Verrücktheit nur den Kopf schütteln und meint, dass es unter seiner Würde wäre, sich vor anderen Leuten so zu produzieren. Elisabeth, die Einfühlsame, meint allerdings dazu: "Ich mag Martin, weil er mich zum Lachen bringt. Das ist sehr schön für mich!"

SIZE Prozess gibt Ihnen eine praxisnahe Beschreibung, wie die Charakteristika der sechs Persönlichkeits-Stile im Alltag sichtbar werden und sowohl das Verhalten, als auch die Kommunikation beeinflussen.

Bedenken Sie allerdings, dass es sich um idealtypische Beschreibungen handelt. Selten werden Sie im Alltag eine Person einem einzigen Persönlichkeits-Stil zuordnen können. Dennoch werden Sie feststellen, dass Sie fast bei jeder Person einen dominierenden Persönlichkeits-Stil (***Primärstil***) und einen weiteren ***Sekundärstil*** relativ konstanten beobachten können. Auch die die anderen vier Persönlichkeits-Stile können im Alltag mehr oder weniger sichtbar werden.

Es geht primär darum, die eigene Wahrnehmung für die Charakteristika dieser Persönlichkeits-Stile zu schärfen. Achten Sie darauf, „WIE" die Merkmale, Eigenschaften und Verhaltensmuster im Alltag eingesetzt und sichtbar werden (z.B. durch unterschiedliche Kommunikations-Stile, unterschiedliches Kontaktverhalten, unterschiedliche Mimik, Gestik und Körpersprache).

Wie können die Persönlichkeits-Stile im Alltag sichtbar werden?

Einfühlsamer Persönlichkeits-Stil

beziehungsorientierte Gefühlsmenschen

Für Personen, die diesen Persönlichkeits-Stil häufig mit Energie besetzen, steht Beziehung, menschliche Harmonie, sowie ihr eigenes und anderer Wohlbefinden im Vordergrund. Sie gehen auf andere Menschen zu und fühlen sich wohl, wenn sie von freundlichen Menschen umgeben sind, für die sie da sein und für deren Bedürfnisse sie sorgen können. Sie geben anderen das Gefühl, liebenswert und wichtig zu sein. Menschlichkeit und Fürsorglichkeit stehen auch im Arbeitsprozess im Vordergrund. Sie haben ein unnachahmliches Gespür (Antenne) für ihre Umwelt, die sie über all ihre Sinne wahrnehmen.

Personen, bei denen dieser Persönlichkeits-Stil dominiert, geht die Beziehung vor der Sache. Sie pflegen Freundschaften und schätzen eine vertraute Umgebung, in der sie sich mit ihren Lieben wohl fühlen können. Sie beziehen daraus Sicherheit und Zufriedenheit. Sie streben tiefgehende Beziehungen an und sind bereit, einen Einblick in ihr Leben zu geben.

Wie sprechen Personen mit dominierenden einfühlsamen Persönlichkeits-Stil über sich selbst:

Ich arbeite mit vielen Menschen zusammen und würde behaupten, dass ich mit jedem gut auskomme. Ich mag nicht gerne alleine arbeiten. Die meiste Zeit verbringe ich mit Menschen, die mir nahe stehen, wie meine Familie und meine Freunde. Wenn es Probleme gibt, kommen Leute zu mir, weil ich ihnen das Gefühl geben kann, für sie da zu sein.

Analytischer Persönlichkeits-Stil

gewissenhafte Denker

Personen, die diesen Persönlichkeits-Stil häufig mit Energie besetzen, sind vergleichbar mit einem Marktforschungsunternehmen. Sie versuchen über strukturiertes Fragen möglichst viel an Information zu erhalten und sind auf der Suche nach einem objektiven Bild der Realität. Sie holen Daten und Fakten ein, die sie ordnen und damit Entscheidungen treffen. Perfektionismus ist die Triebfeder ihres Verhaltens und Handelns. Ihr Wunsch ist eine, auf lange Sicht präzise geplante und damit verlässliche, private wie berufliche Zukunft. Manchmal sind sie vergleichbar mit einer Person, die erst dann ins Auto einsteigen will, wenn sie bereits (perfekt) fahren kann - sie will Autofahren über Theorie lernen.

Aus dem analytischen Persönlichkeits-Stil erwarten Personen, dass Entscheidungen analytischen Prüfungen standhalten. Sie wägen gewissenhaft und sachlich Pro und Kontra ab. Sie betrachten sich selbst als objektive, unvoreingenommene Beobachter und haben eine fast magische Hinwendung zu Daten und Fakten, die sie für genau so unparteiisch halten, wie sich selbst. Sie versuchen Theorien mit konkreten Situationen in Verbindung zu bringen, um herauszufinden, ob sich damit diese Situationen effektiver gestalten lassen. Ständig konfrontieren sie ihre Umwelt mit vielen Fragen und suchen nach "objektiven" Informationen. Sie tragen Schicht für Schicht ab, bis für sie die tatsächlichen Wurzeln von Situationen zum Vorschein kommen.

Wie sprechen Personen mit dominierenden analytischen Persönlichkeits-Stil über sich selbst:

Es ist doch logisch, dass man zuerst denkt und dann erst handelt. Ich brauche eine Struktur und muss eine gewisse Logik in den Dingen erkennen können, damit ich sie verstehen kann. Wenn ich eine Behauptung aufstelle, muss ich wissen, dass ich sie mit Tatsachen und logischem Denken stützen kann. Wenn jemand sagt, dass eine Sache nicht durchführbar ist, frage ich mich: "Warum sagen Sie das?" Ich stelle mir oft die Frage: "Bin ich kompetent genug?"

Werteorientierter Persönlichkeits-Stil
werteorientierte Denker

Personen, die diesen Persönlichkeits-Stil häufig mit Energie besetzen, vertrauen anderen Menschen nur zögerlich. Sie sind sensibel auf Signale, die ihnen ihr Misstrauen bestätigen. Aus diesem Persönlichkeits-Stil beziehen sie ihr Denken, Fühlen und Verhalten primär auf das eigene Wertesystem. Grundlage dieses Wertesystems ist das soziale Umfeld, in dem sie aufgewachsen sind. Sie suchen Stabilität, Berechenbarkeit und meiden eher das Risiko von Wandel und Veränderung. Sie sind bereit für Innovationen, wenn sie ihrer inneren Wertehaltung entsprechen. Sie zeigen sich häufig in der Rolle des Hüters von Normen, Regeln, Prinzipien und Werten (familiäre, gesellschaftliche, moralische, politische, wissenschaftliche oder religiöse Werte). Manchmal sind sie innovative Vorreiter, z.B. wenn es darum geht Missstände im Unternehmen oder in der Gesellschaft abzustellen. Daran knüpfen sie gleichzeitig werteorientierte Bedingungen und stellen neue Regeln auf.

Personen, die aus dem werteorientierten Persönlichkeits-Stil reagieren, konfrontieren andere Personen häufig mit ihren Standpunkten, Meinungen und Ansichten. Haben sie sich für ein Ziel erst einmal entschieden, gehen sie mit missionarischem Eifer daran, andere darauf einzuschwören. Sie lassen keine Auseinandersetzung aus, da es für sie Wege sind, Probleme zu lösen. Sie setzen von ihrer Umgebung dieselbe Leistungsbereitschaft und Qualität voraus, die sie sich selbst abverlangen. Sind diese Eigenschaften nicht vorhanden, sorgen sie dafür, dass sie entwickelt werden. Ihr Motto lautet: “Der Maßstab bin ich!”, oder “Was ich von mir verlange, kann ich auch bei anderen voraussetzen!”.

Wie sprechen Personen mit dominierenden werteorientierten Persönlichkeits-Stil über sich selbst:

Ich bin Praktiker. Wenn andere ständig mit Neuheiten auftauchen, bin ich derjenige, der die Sache kritisch prüft. Ich will nicht behaupten, dass ich mich gegen den Fortschritt stelle, aber ich wäge die Auswirkungen mit meiner Erfahrung ab und schätze das Risiko ein. Ich bin immer vorsichtig, egal ob in Beziehungen oder bei der Leistung, denn ich muss wissen, ob der Ast, auf dem ich sitze, mich auch zuverlässig trägt.

Aktiver Persönlichkeits-Stil

impulsive Abenteurer

Personen, die diesen Persönlichkeits-Stil häufig mit Energie besetzen, handeln schnell und zumeist ungeplant. Lebendig, spontan und risikobereit treffen sie rasche Entscheidungen und setzen diese ebenso schnell um - mit all den Vor- und Nachteilen, die daraus entstehen können. Handeln ist ihre Devise! Es hilft ihnen, sich lebendig zu fühlen. Sie brauchen durchgängig eine Dosis an Aufregung und Action und leben in kurzen Spannungsbögen. Man könnte sie als Abenteurer bezeichnen, die charmant und direkt eine Aufregung nach der anderen anstreben. Sie sind für ihren unmittelbaren Vorteil und Gewinn bereit, flexibel, anpassungs- und wandlungsfähig zu sein. Sie stellen sich auf ein Ziel so lange ein, solange es ihnen nützlich ist. Andernfalls lassen sie dieses sofort fallen und wenden sich neuen Herausforderungen zu.

Dieser Persönlichkeits-Stil veranlasst Personen im Augenblick zu leben. Ihre Anpassungsfähigkeit macht es ihnen ermöglicht, auf das Gebot der Stunde mit einem hohen Maß an Flexibilität zu reagieren. Es führt allerdings auch dazu, dass sie manchmal kurzfristig von ihren ursprünglichen Plänen abrücken. Sie entwickeln eine hohe Produktivität, wenn Herausforderungen, aufregende Aufgaben oder miteinander konkurrierende Anforderungen an sie gestellt werden. Sie wollen handeln, suchen die Aufregung und auch das Risiko.

Wie sprechen Personen mit dominierenden aktiven Persönlichkeits-Stil über sich selbst:

Ich liebe ungeplante Projekte, da man nie weiß, was passieren wird. Jederzeit kann eine unvorhergesehene Situation eintreten - man weiß nie, wie sie ausgehen wird. Ich liebe diesen Druck und diesen Zwang, sofort reagieren zu müssen. Er gibt mir das Gefühl, dass ich lebendig bin. Wenn mich jemand fragt, was ich morgen tue, kann ich nur sagen: “Blöde Frage, das weiß ich doch heute noch nicht!”

Ruhiger Persönlichkeits-Stil

phantasievolle Beobachter

Personen, die diesen Persönlichkeits-Stil häufig mit Energie besetzen, sind tendenziell schweigsam und zurückhaltend. Sie haben das Bedürfnis nach Unabhängigkeit und Rückzug. Sie vermeiden Emotionen und menschliche Nähe. Die Tatsache, dass sie den Kontakt und die Interaktion mit anderen, vermeiden bedeutet nicht, dass sie sich nicht auch zugehörig fühlen möchten. Am ehesten fühlen sie sich in Gruppen oder Systemen wohl, zu denen sie sich irgendwie verbunden fühlen können, ohne dass ihnen einzelne Personen zu nahe kommen. Sie schätzen konkrete Aufgaben, mit denen sie sich alleine zurückziehen können und die von ihnen nicht zu viel Kontakt zu anderen Menschen erfordern. Alleine lassen sie ihre Gedanken und Gefühle um sich kreisen (Tagträume).

Dieser Persönlichkeits-Stil macht Personen zu schweigenden Individualisten. Sie besitzen häufig eine ausgeprägte Abstraktionsfähigkeit und einen scharfen Verstand. Sie beobachten aufmerksam und es entgeht ihnen nichts. Selten zeigen sie Gefühle. Dennoch ist ihr Kopf voller Ideen, Bilder und Pläne. Nähe erzeugt bei ihnen Angst. Intensive Gruppenprozesse und starke Bindungen meiden sie.

Wie sprechen Personen mit dominierenden ruhigen Persönlichkeits-Stil über sich selbst:

Ich brauche Zeit und Abstand, um Probleme und Aufgaben zu lösen. Dieser ganze Rummel macht mich nur nervös. Manchmal meinen Menschen, ich müsste doch einsam sein. Mein Kopf ist jedoch voller Ideen und Bilder. Ich habe nie das Gefühl, alleine zu sein.

Kreativer Persönlichkeits-Stil
humorvolle Kontaktmenschen

Personen, die diesen Persönlichkeits-Stil häufig mit Energie besetzen, ist das Leben bunt, vielfältig und spielerisch. Sie reagieren auf ihre Umwelt wie Kinder. Sie lachen und rebellieren, sind spontan und kreativ. Sie lassen sich faszinieren von den vielen Dingen des Lebens, auf die sie unmittelbar reagieren. Das, was sie gerade noch für faszinierend und erstrebenswert hielten, kann im nächsten Augenblick wertlos und fade sein. Durch ihre reaktive Sprunghaftigkeit wirken sie von der - für andere - offensichtlichen Realität oft weit entfernt. Ausdauer und Beharrlichkeit ist nicht ihr Ding. Sie schenken Problemen nicht dieselbe Beachtung wie andere Persönlichkeits-Stile, sondern sie wenden sich lieber emotional einträglicheren Dingen des Lebens zu. Ihr schauspielerisches Talent und ihre Improvisationskunst scheinen angeboren zu sein.

Personen, die diesen Persönlichkeits-Stil mit Energie besetzen, vereinen alle positiven, wie negativen Eigenschaften eines gesunden Kindes vereint. Sie reagieren auf ihre Umwelt so, wie das ein Kind auch tut, das lacht, rebelliert, spontan und kreativ ist. Ein Kind bleibt bei jedem Schaufenster stehen, reagiert dort, wo es etwas entdeckt, von dem es gefesselt und fasziniert ist. Es kann emotional hoch positiv oder negativ berührt sein. Dominiert bei Personen der kreative Persönlichkeits-Stil, bedeutet das trotz ihrer spontanen und kreativen Lebhaftigkeit nicht, dass sie ihre Aufgaben und Anforderungen im Alltag nicht ernst nehmen oder sich ihnen nicht verpflichtet fühlen.

Wie sprechen Personen mit dominierenden kreativen Persönlichkeits-Stil über sich selbst:

Mit Witz und Humor komme ich mit anderen Menschen rasch in Kontakt. Ich bin einer von denen, die gern etwas Trubel verbreiten. Ich bin ständig auf der Suche nach Originellem, Witzigem und Lustigem. Finde ich etwas, muss ich sofort anderen davon erzählen: "Bist du in diesem abgefahrenen Kino schon gewesen, die haben eine Beleuchtung, die ist cool und sensationell!" Wenn ich etwas erzähle, dann bin ich leidenschaftlich. Ich glaube, dass auf dieser Welt ohnehin genug negative Menschen herumeiern!

Zusammenfassung für Schnellleser

Einfühlsamer Persönlichkeits-Stil:

Aus dem einfühlsamen Persönlichkeits-Stil leben Personen vor allem in und von Beziehungen. Herzlichkeit, das eigene und anderer Wohlbefinden, sowie Familie und Freundschaft liegen ihnen am Herzen. Sie suchen menschliche Wärme und Nähe. Die meiste Energie investieren sie in ihr Gefühl.

Analytischer Persönlichkeits-Stil:

Aus dem analytischen Persönlichkeits-Stil sind Personen vor allem sachorientiert und investieren die meiste Energie in ihr Denken. Zielstrebig, organisiert und logisch suchen sie Selbstbestätigung über ihre Leistung und Kompetenz. Der Alltag ist für sie mit Logik, System und Verstand zu bewältigen.

Werteorientierter Persönlichkeits-Stil:

Aus dem werteorientierten Persönlichkeits-Stil sind Personen vor allem gewissenhaft, ausdauernd, gründlich. Sie investieren die meiste Energie in ihr werteorientiertes Denken. Eher misstrauisch, benötigen sie Zeit, um Vertrauen in andere Menschen zu gewinnen. Werte, Tradition und Erfahrung sind wichtige Eckpfeiler in ihrem Leben. Im Kontakt mit anderen Menschen sind sie vor allem an der Wichtigkeit und Bedeutung einer Person interessiert.

Aktiver Persönlichkeits-Stil:

Aus dem aktiven Persönlichkeits-Stil lieben und suchen Personen anregende Situationen und herausfordernde Aufgaben. Sie investieren die meiste Energie in ihr Handeln. Charmant, draufgängerisch und auch risikobereit, sind sie im Alltag auf der Suche nach einer durchgängigen Dosis an stimulierender Aufregung.

Ruhiger Persönlichkeits-Stil:

Aus dem ruhigen Persönlichkeits-Stil wirken Personen still, introvertiert und zurückhaltend. Die meiste Energie investieren sie in ihr phantasievolles Denken. Ihr Kopf ist voll von Bildern, Ideen und Plänen. Äußerlichkeiten sind ihnen nicht besonders wichtig. Sie sind abwartend und arbeiten gerne alleine.

Kreativer Persönlichkeits-Stil:

Aus dem kreativen Persönlichkeits-Stil zeigen sich Personen witzig, humorvoll und kreativ. Ihre meiste Energie investieren sie in ihr reaktives Verhalten. Sie mögen Auffälliges, Originelles und Neues. Sie suchen durch ihr lockeres, oft ironisches und neckendes Auftreten den stimulierenden Kontakt zu anderen Menschen. Sie versuchen die Dinge des Lebens nicht ernster zu nehmen, als unbedingt erforderlich.

ÜBUNG:
Welche Persönlichkeits-Stile setzen Sie im Alltag ein?

Welche Persönlichkeits-Stile benutzen Sie im privaten/beruflichen Bereich besonders häufig/eher selten?

Vergegenwärtigen Sie sich eine Person, mit der Sie Probleme haben, und eine andere, mit der Sie gut auskommen:

Welchen Persönlichkeits-Stil benutzen Sie der betreffenden Person gegenüber vorwiegend?

Welche Ressourcen Ihrer Persönlichkeits-Stile nutzen Sie eher weniger?

In welchen Situationen werden die Stärken Ihrer dominierenden Persönlichkeits-Stile besonders wirksam?

In welchen Situationen könnten Sie die Stärken Ihrer dominierenden Persönlichkeits-Stile noch häufiger einsetzen?

Das „Innere Parlament"

Zwei oder mehr Seelen in meiner Brust

Peter kontrolliert die Reiseabrechnung seines Kollegen Max und bemerkt Unregelmäßigkeiten bei der Anzahl der verrechneten Kilometer. Da es sich eher um einen kleinen Betrag handelt, meldet sich zunächst seine hilfsbereite innere Stimme, die ihm sagt: „Wahrscheinlich hat er sich nur geirrt, mach keine große Sache daraus und schau darüber hinweg!" Doch sehr schnell melden sich Zweifel. Peter hört dabei nicht nur zwei "Seelen" oder Stimmen in sich, sondern gleich mehrere. Da meldet sich der Gedanke: "Wieso soll ich diese Unregelmäßigkeit nicht aufdecken? Es ist nicht korrekt, etwas zu verrechnen, was einem nicht zusteht!" und eine weitere Stimme, die davor warnt, so kleinkariert zu sein - er könnte damit bei anderen Kollegen als "Streber" dastehen. Das aber widerspricht seinem Bedürfnis, geliebt zu werden. Und es meldet sich noch eine Stimme, die in die Zukunft verweist. Diese meint: „He, wegen dieser paar Euro fang dir keine Probleme ein! Das Unternehmen geht daran nicht zugrunde!"

"Zwei Seelen wohnen, ach! in meiner Brust." Dieser Satz aus Goethes Faustmythos zum hintergründigen Sinn der menschlichen Existenz zeigt die Zerreißprobe des Menschen zwischen hellen und dunklen Mächten auf. Zerreißproben, wenn auch nicht so dramatisch wie bei Faust, erleben wir Menschen in vielen Alltagssituationen. Und um diese innere Mehrschichtigkeit unserer Persönlichkeit geht es in dem SIZE Prozess Persönlichkeitsmodell.
Wahrscheinlich kennen Sie Situationen, wie im oben angeführten Beispiel, selbst zur Genüge. Situativ melden sich unterschiedliche Stimmen auf der inneren Bühne unserer Persönlichkeit. Manche Stimmen sind laut und manche leise. Manche sehr mächtig und andere wiederum eher schwach. Das "Oberhaupt" ist ein übergeordnetes Mitglied unseres inneren Systems, das angesichts divergierender Mehrschichtigkeit Führungsaufgaben wahrnimmt und die Einheit in unserer Persönlichkeit gewährleistet.

Beispiel zur Darstellung einer Persönlichkeitsstruktur mit SIZE Prozess:

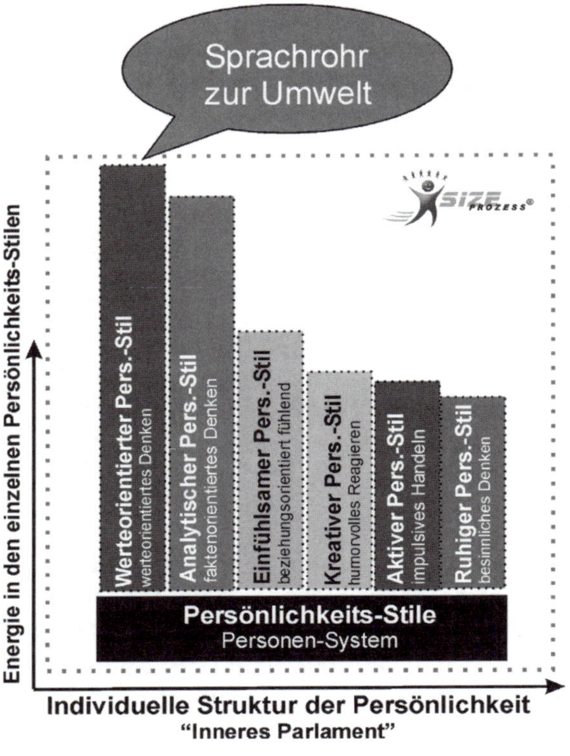

© SIZE Prozess 2006

SIZE Prozess betrachtet einen Menschen als ein komplexes System, das strukturiert ist durch sechs integrierte, sich voneinander unterscheidende Persönlichkeits-Stile (Analytischer, Einfühlsamer, Werteorientierter, Kreativer, Ruhiger, Aktiver).

Die grafische Darstellung der sechs Persönlichkeits-Stile von SIZE Prozess veranschaulicht wie häufig derzeit eine Person ihre verschiedenen Persönlichkeits-Stile aktiviert und mit Energie besetzt. Sie zeigt, welche Persönlichkeits-Stile sie häufig und welche sie nur selten gegenüber anderen Personen im Berufs- und Privatleben einsetzt. Man könnte auch sagen, dass die grafische Darstellung eine Antwort auf die Frage ist: „In welchem Persönlichkeits-Stil fällt es einer Person am leichtesten und in welchem am schwersten im Alltag zu sein?"

Wenn Menschen miteinander in Beziehung treten, sei es beruflich oder privat, ändern sich immer wieder ihre Erlebens- und Verhaltensweisen. Dies wird bemerkbar an physiologischen Merkmalen wie z.B. an der Mimik, an der Gestik, an der Körpersprache, an der Stimme, an der gewählten Wortwahl, am Inhalt dessen, was gesagt wird. Diese wechselnden Einstellungen und dazugehörige Verhaltensweisen nennt SIZE Prozess Persönlichkeits-Stile und versteht darunter die differenzierte Art und Weise, wie eine Person sich selbst, andere Personen und die Welt insgesamt erlebt und sich verhält.

SIZE Prozess betrachtet Persönlichkeits-Stile als unterschiedliche Wesensarten, Befindlichkeiten oder Haltungen, die von einer Person im Leben wechselweise eingenommen werden können. SIZE Prozess unterscheidet dazu zwischen sechs verschiedenen Persönlichkeits-Stilen, wobei eine Person alle sechs innerhalb ihrer Persönlichkeitsstruktur in sich vereint. Jeder der sechs Persönlichkeits-Stile wird als positiver Träger von Ressourcen und Potenzialen innerhalb der Persönlichkeit betrachtet.

Persönlichkeits-Stile beeinflussen in hohem Ausmaß wie eine Person ihre Umgebung wahrnimmt, mit anderen Personen Kontakt aufnimmt, sowie ihren Zugang zu Aufgaben und Problemlösungen.
Häufig kann ein Grundstil der Persönlichkeit und ein Sekundärstil (zusammenhängend mit dem aktuellen Lebensabschnitt) beobachtet werden.

Dynamik im „Inneren Parlament“

Persönlichkeits-Stile werden nicht nur nach außen wirksam, sondern auch nach innen.

Allgemein kann man davon ausgehen, dass das Aufwachsen in einer bestimmten sozialen Umgebung zur Formung der dominierenden Persönlichkeits-Stile führt. Es wäre unzulässig, Personen aufgrund eines bestimmten, wahrgenommenen Persönlichkeits-Stils zu stereotypisieren und in eine Schublade zu stecken. Jeder Mensch ist einzigartig. Dazu ist es wichtig, die sechs Persönlichkeits-Stile in ihrer gegenseitigen Wechselwirkung von Kräften, beim Streben hin auf ein gemeinsames Ziel, als zusammenhängende Elemente zu begreifen.

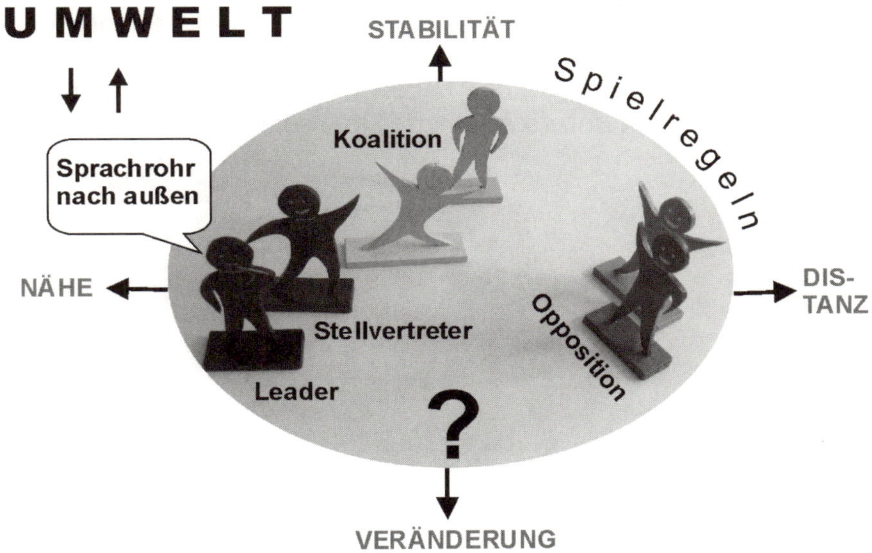

Unsere einzelnen Persönlichkeits-Stile wirken wie Organe - als Teil eines Organismus - zusammen. Sie sind vergleichbar mit inneren Stimmen, die sich in allen Lebenslagen melden und ihre Ansprüche äußern. Verglichen mit einem Parlament gibt es da zunächst den

„Kanzler“ (stärkster Persönlichkeits-Stil) als Oberhaupt, der als innerer Entscheider mit dem letzten Wort gilt. Der Kanzler besitzt häufig einen „Stellvertreter“. Im Idealfall ist der Kanzler in gutem Kontakt mit allen anderen Parlamentsmitgliedern (anderen Persönlichkeits-Stilen). Er nimmt deren Wortmeldungen auf und nutzt sie für flexibles Handeln und Reagieren auf unterschiedliche Aufgaben und Problemlösungen.

Es kann sein, dass im inneren Parlament die anderen Persönlichkeits-Stile als verpönte Außenseiter gelten (Opposition) und der Kanzler sich in die innere Parlaments(Gruppen-)dynamik verstrickt, statt eine souveräne Meta-Position einzunehmen. Der Kanzler kann von vorlauten und dominanten anderen Persönlichkeits-Stilen überrannt werden und hat möglicherweise in der Realität überhaupt nicht "das letzte Wort". Oder er wird einfach nicht fertig mit dem zerstrittenen Haufen und sitzt wie gelähmt davor, so wie ein schwacher Lehrer, dem die Schüler über Tische und Bänke gehen. Der Kanzler kann einen fürsorglichen oder demokratischen Führungsstil, aber auch einen autoritären Führungsstil pflegen. Er könnte die Führungsstile aber auch situativ gebrauchen - je nach Rolle und Situation. Im inneren Parlament gibt es unterschiedliche Bedürfnisse und Spielregeln, die sich im Zusammenspiel aller Persönlichkeits-Stile im Lauf des Lebens herausgebildet haben und das Reagieren und das Agieren im Alltag auf unterschiedliche Situationen bestimmen.

ÜBUNG: Mein inneres Parlament

Welcher Persönlichkeits-Stil ist in welcher Situation oder sogar überwiegend mein Sprach-Rohr nach außen?

Welcher Persönlichkeits-Stil meldet sich sonst noch und möchte zur Geltung kommen?

Die Ressourcen welches Persönlichkeits-Stils werden stark, welche wenig bis gar nicht genutzt?

Gibt es einen oder mehrere Persönlichkeits-Stile, die ganz ausgeblendet werden?

Welche Spielregeln (Gebote und Forderungen), im Zusammenspiel aller Persönlichkeits-Stile, haben sich zwischen den einzelnen Persönlichkeits-Stilen etabliert?

Wie ist der „innere Führungsprozess“ gestaltet? Gibt es eher fürsorgliche, kooperative oder autoritäre Führung?

Wahrnehmung und Bezugssystem

„Brillen“ vor der Realität

In einem Meeting wird ein neues Konzept vorgestellt. Die Teilnehmer hören dem Vortragenden aufmerksam und interessiert zu. Nur Ralf wirkt als Zuhörer tödlich gelangweilt. Er hat einen mürrischen Blick aufgesetzt und schüttelt laufend den Kopf. Nach einer Weile unterbricht er den Vortragenden und stellt die Frage: „Sagen Sie, haben Sie das Konzept auch schon einmal in der Praxis ausprobiert, das ist doch alles Theorie und nicht umsetzbar!“ Der Vortragende bemüht sich, seinen aufkeimenden Ärger zu verbergen. Innerlich denkt er sich: „Dieser Ralf ist ein oberflächlicher Kotzbrocken, der keine Ahnung hat! Eigentlich hat er von Beginn weg nichts begriffen. Es steht für mich fest, dass er aus Eigeninteressen heraus kein Interesse an Verbesserungen durch das neue Konzept hat. Ich werde dafür sorgen, dass er zum nächsten Meeting nicht mehr eingeladen wird und nur kompetente Personen anwesend sind!“

Jeder von uns nimmt die Welt und damit auch Situationen auf ihre eigene Art und Weise wahr. So auch in diesem Fall: Die Teilnehmer nehmen die Ausführungen des Vortragenden mit Interesse wahr. Ralf hingegen nimmt sie gelangweilt zur Kenntnis und beurteilt scheinbar die Praxistauglichkeit der Ausführungen als negativ. Auch der Vortragende interpretiert und beurteilt das Verhalten von Ralf als oberflächlich und getrieben von Eigeninteressen. Man könnte den Eindruck bekommen, als würden zwei ganz verschiedene Vorträge zur gleichen Zeit stattfinden. Doch es handelt sich um den gleichen Vortrag. Nur die Wahrnehmungen der anwesenden Personen sind unterschiedlich.

Hätten wir selbst diesen Vortrag gehört, ist anzunehmen, dass jeder von uns darauf unterschiedlich reagiert hätte. Manche von uns hätten die Informationen vielleicht als interessant empfunden, andere vielleicht als wenig wertvoll, andere hätten sich vielleicht gelangweilt, weil sie ihn als zu theoretisch und zu wenig handlungsorientiert empfunden hätten.

Im Alltag unterscheiden wir uns voneinander dadurch, wie wir unterschiedliche Situationen wahrnehmen und darauf reagieren. Die Ursache dafür lautet: „Unsere Bezugssysteme unterscheiden sich voneinander!“

Das Modell des Bezugssystems hat ihre Wurzeln bei J. Schiff und ihren Mitarbeitern (*Schiff 1975*) und kann als Ideengebilde betrachtet werden, mit dem wir unsere Erlebens- und Verhaltensweisen organisieren. Es stattet uns mit einem umfassenden Wahrnehmungs-, Denk-, Gefühls- und Handlungsschema aus, mit dem wir uns selbst, andere Menschen und unsere Umwelt definieren. Wir können davon ausgehen, dass wir im Alltag nicht unsere „Wirklichkeit“ wahrnehmen, sondern diese in unserem Gehirn konstruieren. „Unsere Umwelt, so wie wir sie wahrnehmen, ist unsere Erfindung“ (***Heinz von Foerster*, *1981*, *40***). Für diese Sichtweise steht das Bild unseres individuellen Bezugssystems. Jeder von uns fertigt sich aus seinen Wahrnehmungen, Bewertungsmustern, subjektiven Theorien und sozialen Erfahrungen in seinem Kopf ein inneres Bezugssystem, das seine Sicht der Wirklichkeit widerspiegelt, und das wir oft genug als ***„die Wirklichkeit“*** an sich halten.

Man könnte, in Anlehnung an die Ausführungen der Schiffs sagen, dass das Bezugssystem „eine Art Haut ist, die die sechs SIZE Prozess Persönlichkeits-Stile umgibt, damit zusammenhält und miteinander verbindet. So wie wir unsere Welt aufgrund unseres einzigartigen Bezugssystems wahrnehmen, reagieren wir auch auf einzigartige Art und Weise auf die von uns wahrgenommen Situationen, Menschen und die Welt insgesamt. Unser Bezugssystem bestimmt damit die Bandbreite unserer Möglichkeiten im beruflichen und privaten Alltag. Idealerweise haben wir im Hier und Jetzt den Zugang zu jedem unserer sechs integrierten Persönlichkeits-Stile und ihren dazugehörigen Stärken, Begabungen und Talenten, mit denen wir flexibel auf die unterschiedlichen Situationen in unserem Alltag reagieren können. Geraten wir in Stress, wird diese Flexibilität erheblich eingeschränkt und negative Verhaltensmuster werden sichtbar. In diesem Fall ignorieren wir Aspekte von Situationen im Hier und Jetzt, die für die Lösung eines Problems relevant wären. Wir haben dann zumeist nur mehr Zugang zu einem unserer Persönlichkeits-Stile und setzen ihn auf negative Art und Weise ein.

Zusammenhänge zwischen Wahrnehmung und Überzeugungen:

Wir haben zu den unterschiedlichsten Themen mehr oder weniger feste Ansichten, Einstellungen und Überzeugungen. Manche von uns mehr, andere weniger. Sie sind nützlich für uns, weil wir über viele Dinge nicht lange nachdenken oder diese genauer überprüfen müssen. Schon von unserer frühesten Kindheit an nehmen wir bevorzugt das wahr, was zu unseren Überzeugungen und Grundeinstellungen passt, und blenden das aus, was nicht dazu passt. Die Dinge stehen fest und sind damit für uns zuordenbar.

Rick Ross (Fieldbook zur fünften Disziplin) meint, dass wir davon überzeugt sind,...

... *dass es sich bei unseren Überzeugungen um die Realität handelt;*
... *dass diese Realität offensichtlich ist;*
... *dass unsere Überzeugungen auf objektiven Daten basieren;*
... *dass die Daten, die wir auswählen, die objektiv relevanten Daten sind.*

Wie entstehen Überzeugungen:

Überzeugungen haben ihren Nutzen für uns. Sie ermöglichen uns in unserem Leben, dass wir über viele Dinge gar nicht mehr nachdenken müssen. Die Dinge sind eben so, wie sie sind. Wir halten an unseren Überzeugungen ungeprüft fest, weil sie auf Schlussfolgerungen von uns basieren, die wir aus unseren Beobachtungen und frühkindlichen Erfahrungen ableiten und die sich zu einem Selbstbild und einem Weltbild verdichten. Ebenso spielen dabei Kulturzugehörigkeit und Erziehung eine entscheidende Rolle. Daraus entwickeln wir weitreichende Überzeugungen über uns selbst und über unsere Umwelt. Das führt letztlich unter anderem auch zur Formung typischer Persönlichkeits-Stile, die uns als Personen unverwechselbar machen.

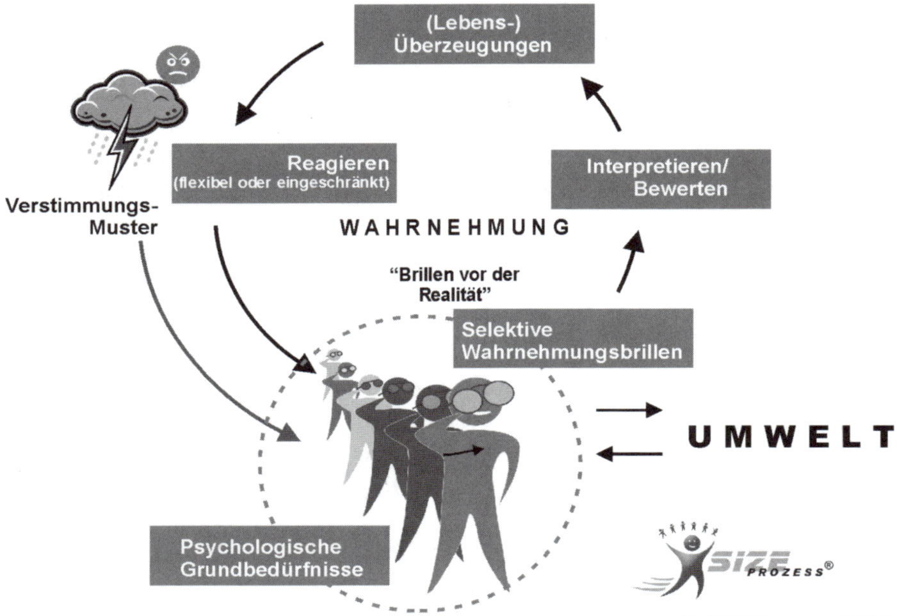

© SIZE Prozess 2006

Grundbedürfnisse: Die Grundbedürfnisse von Menschen sind sowohl körperlicher als auch seelischer Art. *Eric Berne* bezeichnete auch die seelischen Grundbedürfnisse nach Beachtung und Stimulierung als *„Hunger,“* wie auch den Hunger nach Nahrung. Es sieht sie als gleichrangig an. *Berne* sieht in diesen Grundbedürfnissen die Motivation für Kontaktaufnahme und Kommunikation. Letztlich können wir davon ausgehen, dass unsere psychologischen Grundbedürfnisse nach der Befriedigung unserer körperlichen Bedürfnisse die bestimmenden Elemente in unserem Leben für unsere Wahrnehmung, für unsere Grundstrebungen, für unsere Motivatoren und für unser Kontaktverhalten sind. Je nach bestimmenden Persönlichkeits-Stilen einer Person, sind die entscheidenden Grundbedürfnisse unterschiedlich.

Wahrnehmung:

Darunter wird nicht nur das Hören verstanden, sondern auch das Begreifen von Körpersprache, Mimik und Gestik. Unsere Wahrnehmung ist dabei stark abhängig von unserem Interesse an einer Sache oder einem Thema und vom **Reiz-Faktor**.

Reiz-Faktor Auffälligkeit:
Rote Farbe auf hellem Hintergrund fällt den meisten von uns deutlich auf.

Reiz-Faktor Häufigkeit:
Die Häufigkeit des Reizes - z. B. je öfter wir etwas Bestimmtes hören, desto intensiver setzen wir uns damit auseinander.

Reiz-Faktor Intensität:
Die Intensität des Reizes (wir nehmen laute Musik eher wahr als leise, die Bewegung durch Veränderung).

Reiz-Faktor Bewegung:
Der Reiz eines sich bewegenden Objekts wird von uns eher wahrgenommen als eines ruhenden.

Unsere bevorzugten **„Wahrnehmungsbrillen“** sind stark bestimmt durch unsere dominierenden Persönlichkeits-Stile. Sie bestimmen, was wir wie in unserer Umgebung wahrnehmen (siehe dazu nachfolgendes Kapitel: „Unsere Wahrnehmungsbrillen“).

Interpretieren:

In dieser Phase erfassen wir den Sinn dessen, worüber ein anderer kommuniziert. Interpretation ist jene Fähigkeit, die für uns am schwierigsten zu erlernen ist. In dieser Phase versuchen wir jene Dinge, die eine andere Person meint, mit unserer Meinung in Einklang zu bringen. Diese Phase ist besonders selektiv und häufig die Ursache für Missverständnisse. Wir können davon ausgehen, dass jeder von uns in seiner eigenen Welt (Realität) lebt und es nur wenige Dinge gibt, die für alle das Gleiche bedeuten.

Bewerten: In der nächsten Phase bewerten wir das Gehörte. Diese Beurteilung basiert dabei auf unserem eigenen Wissen, sowie unseren eigenen gesellschaftlichen Wertvorstellungen, die durch unsere Erfahrungen und die Kultur geprägt sind. Die Bewertung spielt dabei nicht nur eine Rolle bei der Beurteilung des Gehörten, sondern wirkt schon vorher auf den Prozess der Wahrnehmung, indem wir mit unserer bevorzugten „Wahrnehmungsbrille" entscheiden, was wichtig ist und welche Dinge wir ausselektionieren.

Überzeugungen: Wir leben in einer Welt der sich selbst fortpflanzenden Überzeugungen. Über unsere selektive Wahrnehmung erleben wir unsere Überzeugungen wieder bestätigt - wobei unsere Überzeugungen unsere Wahrnehmung wieder selektioniert. Reize von außen werden von uns nur selektiv wahrgenommen. Dinge, die unserem gängigen Weltbild nicht entsprechen, erreichen unser Bewusstsein auch nicht(Diekmann, 1995). In einem Regelkreis von Schlussfolgerungen bestätigen wir uns selbst immer wieder unsere Überzeugungen und blenden das aus, was nicht dazu passt.

Reagieren: Die letzte Phase beinhaltet unser Reagieren, bzw. unser Verhalten. Wir reagieren nun in einer von uns als angemessen empfundenen Form auf das Gesagte (bzw. Wahrgenommene). Diese Reaktionen können nun eingeschränkt oder flexibel sein. Wir sind entweder in der Lage, die gesamte Bandbreite der Möglichkeiten aus unseren verschiedenen Persönlichkeits-Stilen zu nutzen, oder ignorieren unbewusst Aspekte der Realität im Hier und Jetzt und zeigen Reaktionen aus unseren Stress-Verstimmungs-Mustern. In diesem Fall sind unsere Möglichkeiten erheblich eingeschränkt und destruktive Verhaltenmuster werden sichtbar. Es wird nun zumeist nur mehr das wahrgenommen, was die eigene Haltung rechtfertigt - alles andere wird abgewertet, bzw. ausgeblendet.

Lassen Sie uns die, eingangs geschilderte, Situation im Meeting anhand des „Bezugssystems“ näher betrachten:

Beobachtbare Daten und Erfahrungen:

Welche wahrnehmbaren Daten aus dem Meeting waren so offensichtlich, dass sie auf einer Videoaufnahme zu sehen sein würden wie z.B. *...die tödlich gelangweilte Sitzhaltung von Ralf, sein mürrischer Blick, sein Kopfschütteln...*

Wahrnehmungsbrille:

...es könnte sein, dass der Vortragende die Situation durch die selektive Wahrnehmungsbrille des Analytikers betrachtet und daher seine Aufmerksamkeit auf das abstrakte und logische Denken von Ralf richtet.

Interpretieren/Bewerten:

... der Vortragende fügt ein paar Deutungen hinzu, die sich aus seiner kulturellen Umwelt ableiten: Ralf will das Konzept aus Eigeninteresse ablehnen und will ihn dazu in seiner Kompetenz vor den anderen diskriminieren (er zeigt sich gelangweilt und kritisiert das Konzept als zu theoretisch)...

Überzeugung:

... Menschen, die nicht bereit sind, ihren Verstand zu benutzen, sind gefährliche Widersacher, die es auszuschalten gilt...

Verhalten:

... der Vortragende beschließt, so zu intervenieren, dass Ralf am nächsten Meeting nicht mehr teilnehmen darf.

Die „Wellenlänge“ zwischen dem Vortragenden und Ralf stimmt nicht mehr (fehlender Kontakt und unterschiedliche Wahrnehmungen).

Es wird vermutlich zu Misskommunikation kommen, da der Kommunikations-Stil von beiden nicht aufeinander abgestimmt ist (eine „nützliche“ Kommunikation findet nicht mehr statt).

Die Handlungsmöglichkeiten von beiden werden wahrscheinlich eingeschränkt sein (es fehlt an Flexibilität für eine mögliche Problemlösung).

Das alles klingt jetzt sehr logisch und vielleicht und leicht nachvollziehbar. In der Praxis geschieht dieser Vorgang so schnell, dass wir uns dessen gar nicht bewusst sind. Jede Station im „Bezugssystem“ spielt sich ausschließlich in unserem Kopf ab. Alles, was objektiv für alle wahrnehmbar ist, ist der Einstieg in das Bezugssystem (beobachtbare/wahrnehmbare Daten) und unser Verhalten als Reaktion darauf. Alles andere bleibt für die Umgebung unsichtbar. Wir haben dieses Bezugssystem in unserem Leben schon viele Male durchwandert und haben uns damit unsere Überzeugungen über uns selbst, über andere Menschen und die Welt an sich bestätigt. Diese Überzeugung wird bei der nächsten Situation bestimmen, welche Daten ich durch meine bevorzugte Wahrnehmungsbrille auswählen werde.

Tatsächlich könnte es aber sein, dass Ralf möglicherweise tatsächlich ein Interesse an dem Konzept gehabt hätte, aber durch die eventuell für ihn etwas zu theoretischen Ausführungen des Vortragenden gelangweilt war. Vielleicht bevorzugt er einen anderen Arbeits- und Kommunikations-Stil.

Überzeugungen beeinflussen unser Verhalten in hohem Ausmaß. Zumeist können wir uns auch gar nicht erinnern, woher unsere Überzeugungen herrühren. Nachdem wir über viele Jahre unbewusst voreilige Schlussfolgerungen gezogen haben, sind die Daten dazu unserem Gedächtnis längst entfallen.

Wenn wir die Kommunikation im täglichen sozialen Miteinander verbessern wollen, ist es hilfreich, diese Erkenntnisse aus dem „Bezugssystem" zu nutzen:

... sich die eigene bevorzugte Wahrnehmungsbrille bewusst zu machen, um zu erkennen, auf welche Aspekte wir unsere Aufmerksamkeit richten und was wir ausblenden,

... sich den Kreislauf des eigenen Denkens und der damit verbundenen Schlussfolgerungen bewusst zu machen (Reflexion von Schlüsselsituationen),

... die bevorzugten Wahrnehmungsbrillen, das Denken und die Schlussfolgerungen anderer zu erkunden, um damit mehr Verständnis für das Verhalten anderer zu erhalten und um damit die Kommunikation zu verbessern.

Wahrnehmungsbrillen

Die sechs Wahrnehmungsbrillen

© SIZE Prozess 2006

Wir haben insgesamt sechs Arten, um im Alltag wahrzunehmen (sechs Wahrnehmungsbrillen). Dennoch bevorzugen wir im Alltag zumeist eine bis zwei dieser „Brillen“. Mit unserer bevorzugten „Wahrnehmungs-Brille“ nehmen wir selektiv wahr. Mit ihr bestimmen wir, was wichtig ist und welche Dinge wir selektieren. Ebenso hat sie hohe Auswirkung auf unser Verhalten als Zuhörer in einer Kommunikation.

Analytiker:

betrachten sich und die Welt bevorzugt über die ***faktenorientierte Denkerbrille***:

Mit dieser Brille wird vor allem über analytisches Denken wahrgenommen.

ÜBUNG:
Überlegen Sie:

Worauf ist mit der ***faktenorientierten Denkerbrille*** die Aufmerksamkeit gerichtet - was blendet sie wahrscheinlich eher aus?

____

____

____

Werteorientierte:

betrachten sich und die Welt bevorzugt über die ***werteorientierte Denkerbrille***:

Mit dieser Brille wird vor allem über das eigene Wertesystem (eigene Meinungen und Ansichten) wahrgenommen.

ÜBUNG:
Überlegen Sie:

Worauf ist mit der ***werteorientierten Denkerbrille*** die Aufmerksamkeit gerichtet - was blendet sie wahrscheinlich eher aus?

___

___

___

Ruhige:

betrachten sich und die Welt bevorzugt über die ***sachlich-besinnliche Denkerbrille***:

Mit dieser Brille wird vor allem über phantasievolles und besinnliches Nachdenken wahrgenommen.

ÜBUNG:
Überlegen Sie:

Worauf ist mit der ***sachlich-besinnlichen-Denkerbrille*** die Aufmerksamkeit gerichtet - was blendet sie wahrscheinlich eher aus?

___

___

___

Einfühlsame:

betrachten sich und die Welt bevorzugt über die ***fürsorglich-beziehungsorientierte Gefühlsbrille:***

Mit dieser Brille wird vor allem über das Gefühl wahrgenommen.

ÜBUNG:
Überlegen Sie:

Worauf ist mit der ***fürsorglich-beziehungsorientierten Gefühlsbrille*** die Aufmerksamkeit gerichtet - was blendet sie wahrscheinlich eher aus?

Aktive:

betrachten sich und die Welt bevorzugt über die ***aktiv- impulsive Handlungsbrille.***

Mit dieser Brille wird vor allem über Aktivität und aktives (aggressives) Handeln wahrgenommen.

ÜBUNG:
Überlegen Sie:

Worauf ist mit der ***aktiv- impulsiven Handlungsbrille*** die Aufmerksamkeit gerichtet - was blendet sie wahrscheinlich eher aus?

Kreative:

betrachten sich und die Welt bevorzugt über die ***reaktiv-humorvolle Reaktionsbrille***:

Mit dieser Brille wird vor allem über humorvolle Reaktionen auf äußere Ereignisse und äußere Eindrücke wahrgenommen.

ÜBUNG:
Überlegen Sie:

Worauf ist mit der ***reaktiv-humorvollen Reaktionsbrille*** die Aufmerksamkeit gerichtet - was blendet sie wahrscheinlich eher aus?

(Lebens-)Überzeugungen

Mentale Modelle des (Miss-) Verstehens

Bei den Überzeugungen handelt es sich um Bilder, Annahmen und Geschichten, die wir von uns selbst, von unseren Mitmenschen und von unserer Umwelt in unseren Köpfen verankert haben. Es sind Grundannahmen, die unsere Wahrnehmungs- und Verhaltenmuster (zumeist unbewusst) beeinflussen.

Die Überzeugungen sind von Persönlichkeit zu Persönlichkeit unterschiedlich. Sie geben uns Hilfestellungen über uns selbst und über andere Menschen, um unterschiedliches Verhalten besser zu verstehen. Sie unterstützen uns dabei, jene Prozesse des Missverstehens in unserem Alltag aufzuklären und bewusst zu machen, bei denen unsere Interpretationen und Bewertungen zu falschen Annahmen und fehlerhaften Schlussfolgerungen führen.

Nachstehend finden Sie „Ideen“ zu den Überzeugungen der verschiedenen SIZE Prozess Persönlichkeiten, die Ihr Verhalten beeinflussen, Ihnen Energie geben können und eine mögliche Erklärung für ihr Stressmuster geben. Lassen Sie uns die Überzeugungen der einzelnen Persönlichkeiten näher ansehen:

Mögliche Überzeugungen aus dem analytischen Persönlichkeits-Stil:

Hauptsächlich durch Leistung können wir wertvoll sein. Nur wenn wir die Auswirkungen unseres Handelns und Verhaltens mit unserem logischen Denken auf perfekte Normerfüllung überprüfen, niemals ungenau, nachlässig und unüberlegt sind, bewahren wir uns Kontrolle über die Auswirkungen unseres Handelns und erreichen, dass wir uns auf dieser Welt OK fühlen können. Erfolg ist Wissen und

Erfahrung, und alles Handeln braucht immer eine durchdachte und logische Strategie.

Mögliche Überzeugungen aus dem werteorientierten Persönlichkeits-Stil:

Wenn wir eher das Negative von unserem Gegenüber erwarten und wenn wir es vermeiden, zu unvoreingenommen und vertrauens-voll zu sein, erhalten wir uns in unserem Leben Sicherheit und Kontrolle. Wir können uns damit vor Unvorhersehbarem, vor Ungewissheit und vor Hinterhalt schützen. Der Erfolg stellt sich dann ein, wenn die Menschen respektvoll miteinander umgehen und den richtigen Werten und Überzeugungen folgen! Neues ist häufig ein Wagnis und Planen ins Ungewisse, das eher vermieden werden sollte. Man muss dafür sorgen, dass andere Menschen die Dinge „perfekt" machen und die „richtigen" Überzeugungen haben, dann kann Schlimmes verhindert werden.

Mögliche Überzeugungen aus dem einfühlsamen Persönlichkeits-Stil:

Nur wenn wir mehr darum besorgt sind, **WIE** wir etwas tun, als **WAS** wir tun, wenn wir uns um andere Menschen kümmern und ihre Wünsche und Bedürfnisse erahnen, immer zuerst an andere denken und dann erst an uns selbst, erhalten wir die Aufmerksamkeit und Liebe anderer Menschen und können uns OK fühlen. Die Welt wäre ohnehin viel angenehmer, wenn die Menschen mehr auf die Gefühle achten, rücksichtsvoller und höflicher miteinander umgehen würden. Wenn man versucht, es anderen Menschen recht zu machen, dann kann man erwarten, dass diese es einem auch recht machen.

Mögliche Überzeugungen aus dem aktiven Persönlichkeits-Stil:

Nur das Hier und Jetzt zählt. Nur wenn wir immer großartig und Spitze sind und es schaffen, dass unsere Umwelt das auch wahrnimmt, be-stätigt und bewundert, wenn wir niemals zweitrangig oder durchschnittlich sind, können wir erreich-en, uns auf dieser Welt OK zu fühlen. Man kann Erfolg haben, wenn man aktiv ist und handelt! Die Welt ist hart, rücksichtslos und eine ständige Herausforderung. Wir sind dazu da, uns die Welt untertan zu machen und unser Glück und unseren Nutzen zu bekommen. Gefühle und Abhängigkeit sind ein Zeichen der Schwäche oder Zeitverschwendung. Wenn wir uns bereits bei geringen Anzeichen emotionaler Kränkungen durch andere Personen von diesen rasch trennen, können wir uns die Hoffnung für die, eines Tages perfekte, Beziehung bewahren.

Mögliche Überzeugungen aus dem kreativen Persönlichkeits-Stil:

Im Leben geht alles einfacher und Probleme lösen sich häufig von alleine, wenn man nicht alles so ernst nimmt. Man sollte das Leben leicht nehmen, Spaß haben und es genießen - das macht es erst lebenswert. Man sollte sich manchmal anstrengen und diese Anstrengung auch zeigen, dann wird einem vieles an Aufgaben und Problemen von anderen abgenommen. Nur wenn man immer in innerer Opposition zu Autoritäten ist und dabei niemals offen aggressiv ist, gerade so viel nachgibt wie erforderlich, bewahren wir uns unsere Freiheit, Unabhängigkeit und Selbstbestimmung. Wir erhalten uns damit auch die Möglichkeit auf Entgegenkommen und Hilfsbereitschaft anderer durch die Abnahme von Problemen und verhindern damit offene Auseinandersetzungen und Ablehnung.

Mögliche Überzeugungen aus dem ruhigen Persönlichkeits-Stil:

Die Welt wäre besser, wenn die Menschen nicht so sehr auf Äußerlichkeiten fixiert wären und sich stattdessen mehr auf die inneren Werte besinnen würden. Man muss im Leben so stark und unabhängig wie möglich sein, all zu viel Emotionen und menschliche Nähe vermeiden, damit wir auf niemanden angewiesen sind und damit auch nicht enttäuscht werden können. Nur wenn wir emotionslos, beziehungsfrei, rational distanziert und wachsam beobachtend sind, möglichst emotionale Nähe vermeiden, bewahren wir uns unsere Unabhängigkeit und die Hoffnung auf Willkommensein.

ÜBUNG: Wahrnehmungsbrillen und Bezugssystem

(In Anlehnung an Freeman Dhority und Steffi Dubkowitz)

Mit dieser Übung können Sie herausfinden, welche Wahrnehmungsbrille Sie bevorzugen, und Sie können sich den Kreislauf Ihres eigenen Denkens und der damit verbundenen Schlussfolgerungen bewusst machen.

Schritt 1:

Denken Sie an eine schwierige Aufgabe oder ein Problem in letzter Zeit, mit dem Sie sich herumschlagen oder herumgeschlagen haben. Eine jener schwierigen Aufgaben und Probleme, die zu zwischenmenschlichen Problemen führen können und die man gerne verdrängen würde.

Beispiele:

- *Sie können sich mit Kollegen nicht auf einen Lösungsweg einigen.*
- *Sie haben einen „schwierigen" Mitarbeiter, der Ihnen Probleme bereitet.*
- *Sie haben einen wichtigen Kunden, mit dem es Ihnen schwer fällt, eine Einigung zu erzielen.*
- *Sie fühlen sich mit Ihren Überzeugungen zu wenig beachtet oder ignoriert.*
- *Sie erhalten keine Unterstützung für eine notwendige Veränderung in Ihrem Arbeitsbereich.*
- *Sie sind mit der Zusammenarbeit im Team nicht einverstanden.*

Beschreiben Sie zunächst kurz die Situation in ein paar Sätzen. Was sind Schlüsselsituationen, in denen sich das Problem zeigt? Was wollen Sie konkret erreichen? Wer oder was blockiert Sie? Was sagen Ihnen Ihre inneren Stimmen, was passieren könnte?

Schritt 2:

Rufen Sie sich eine enttäuschende Schlüsselsituation in Erinnerung, die es zu dieser Situation gegeben hat. Vielleicht hat es ein Gespräch gegeben - oder stellen Sie sich einfach vor, wie das Gespräch verlaufen würde, wenn Sie dieses Problem ansprechen würden?

Nehmen Sie ein Blatt Papier und unterteilen es in zwei Spalten. Tragen Sie nun in die rechte Spalte den Dialog ein, der entweder tatsächlich stattgefunden hat, oder jenen Dialog, von dem Sie annehmen, dass er so stattfinden würde, wenn Sie das Problem ansprechen würden (der Dialog kann ruhig mehrer Seiten lang sein). Lassen Sie die linke Spalte frei.

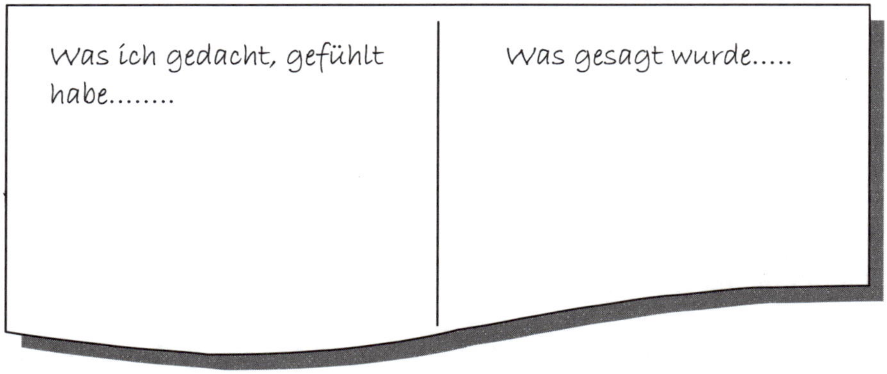

Schritt 3:

In die linke Spalte tragen Sie nun ein, was Sie gedacht und gefühlt, aber nicht ausgesprochen haben.

Schritt 4:

Reflektieren Sie im nächsten Schritt Ihre Aufzeichnungen und stellen Sie sich folgende Fragen (Sie können dazu auch einen Gesprächspartner einladen, der allerdings die Hauptaufgabe hat, ein guter Zuhörer zu sein):

- *Was hat mich eigentlich zu diesen Gedanken und Gefühlen veranlasst?*
- *Was wollte ich eigentlich mit diesem Gespräch erreichen? Was war meine Absicht?*
- *Habe ich jenes Ergebnis erzielt, das ich erreichen wollte?*
- *Wie könnten mein Kommunikations-Stil und meine Äußerungen zu den Schwierigkeiten beigetragen haben?*
- *Warum habe ich nicht gesagt, was in der linken Spalte steht?*
- *Welche Mutmaßungen stelle ich über die andere Person/die anderen Personen an?*

- *Was waren die Konsequenzen (Preis/Gewinn) davon, dass ich nicht gesagt habe, was in der linken Spalte steht?*

- *Was hat mich daran gehindert, anders zu handeln?*

- *Wie kann ich meine linke Spalte als Ressource für eine bessere Kommunikation nutzen?*

Zusammenfassung für Schnellleser

Menschen erzeugen ihre Wirklichkeit und ihr Wissen über die Wirklichkeit selbst.

Menschen bauen, im Kontakt mit ihrer Umwelt, ihr eigenes individuelles und unverwechselbares Bild auf. Dabei können sie Menschen und Situationen auf mindestens sechs verschiedene Arten wahrnehmen: über sachlich faktenorientiertes Denken, über beziehungsorientiertes Fühlen, über werteorientiertes Denken, über phantasievolles Denken, über reaktiv humorvolles Handeln und über aktiv impulsives Handeln.

Obwohl Menschen alle sechs Arten der Wahrnehmung zur Verfügung haben, bevorzugen sie im Alltag dennoch nur einige dieser Wahrnehmungsarten. Mit diesen deuten sie ihre Wirklichkeit häufig einseitig, was zu Konflikten und Spannungen führen kann. Sie bestimmen, wie sie Probleme angehen und nach Lösungen suchen.

Tipps:

Gehen Sie davon aus, dass es keine objektive Wirklichkeit gibt und dass wir uns unsere Wirklichkeit selbst konstruieren. Gehen Sie nicht davon aus, dass Ihre Wahrnehmung auch die Wahrheit und Realität anderer ist.

Versuchen Sie herauszufinden, über welche Art der Wahrnehmung ihr Kommunikationspartner seine Wirklichkeit konstruiert. Achten Sie dabei auf die Worte und Formulierungen, die er/sie gebraucht.

Stellen Sie Fragen und bilden Sie Hypothesen über das Verhalten von Menschen und Sachverhalten. Hypothesen sind Annahmen über Zusammenhänge, Sachverhalte und Wirkungen. Sie sind nützlich, wenn es darum geht, sich Realitäten langsam zu nähern und Handlungsmöglichkeiten zu bekommen.

Lernen Sie die Sprache der sechs Wahrnehmungsarten zu sprechen, damit kommen Sie mit anderen Menschen in Kontakt. Das ist die Voraussetzung dafür, dass Ihre Inhalte bei den Kommunikationspartnern auch ankommen.

Kontakt & Falltüren

Wie Sie die Kommunikations-Türen Ihres Gegenübers öffnen?

Stellen Sie sich vor, Sie versuchen im Fernsehen einen Film anzusehen, aber es könnte sein, dass es nicht möglich ist, weil der Bildschirm beschädigt ist. Es könnte aber auch sein, dass der Bildschirm in Ordnung ist und Sie dennoch kein Bild empfangen können, weil die Sende- oder eingestellte Empfangs-Frequenz nicht stimmt. Auf Ihrem Bildschirm erscheint nur ein verzerrtes Bild oder gar nur ein Flimmern. Auch wenn gerade der tollste Film läuft, es hilft Ihnen nichts! Sie können ihn nicht empfangen und werden vielleicht den Sender wechseln, oder gar entnervt das Fernsehgerät abschalten.

Doch, so wie im gesamten Leben, kommt es auch im Alltag nicht so sehr darauf an, „was“ man sagt, sondern vor allem darauf, „wie“ man es sagt. Wie oft haben wir uns schon nach einem ersten Kontakt, einem kurzen Telefongespräch ein Urteil über die betreffende Person gebildet (manchmal hat unser „Vor-Urteil“ vielleicht auch gestimmt). Auch wir werden von anderen Menschen im Alltag an solchen Äußerlichkeiten bewusst oder unbewusst gemessen. Die meisten von uns sind so sehr damit beschäftigt, das „Richtige“ zu sagen, dass sie gar nicht darauf achten, ob das Gesagte überhaupt beim anderen ankommt.

In mehreren Untersuchungen wurde herausgefunden, dass Zuhörer (Empfänger) unmerklich abschalten (abschotten), wenn z.B. die Beziehung, d.h. die emotionale Einstellung zum Sender, nicht stimmt, nicht mehr stimmt oder sich verändert. Aber auch Angst und Stress beim Zuhörer oder das Fehlen des gleichen Codes („gleiche Wellenlänge“) haben dieselbe Wirkung. Weiters stellen unterschiedliche politische oder ideologische Einstellungen entscheidende Kommunikationshindernisse dar. Das Gegenüber nimmt dann einfach nichts mehr wahr.

Emotionale Reaktionen, die ein Sprecher beim Zuhören auslöst, gehen nur zu zwischen 7 und 10 % auf das Gesagte zurück. 38% von der Art und Weise zu sprechen beeinflusst. 55% sind das Ergebnis von so genannten „nonverbalen Faktoren“, also Auftreten und Körpersprache.

(Dr. Albert Mehrabian, Universitäty of California)

Beispiel: Probleme im Meeting

> *Ein Unternehmer hat mich gebeten, ein Teamentwicklungsseminar durchzuführen. Er meinte, es sei höchste Zeit, dass sein Team lernen muss, Teammeetings produktiv durchzuführen. Auf meine Frage, was denn die Defizite seien, die er selbst in den Meetings wahrnimmt, meinte er: „Wir sitzen den ganzen Tag zusammen, führen heiße Diskussionen, gehen abends müde aus dem Meeting und nichts ist dabei herausgekommen!“ Ich bat den Unternehmer einmal kurz darzustellen, wie diese Meetings beginnen. Bei seinen Darstellungen wurde sichtbar, dass er, ohne einen nennenswerten Versuch, um zunächst mit den anwesenden Personen persönlich in Kontakt zu kommen, zumeist mit Kritik in das Meeting einsteigt. Dazu bringt er seine eigenen Meinungen und Standpunkte deutlich zum Ausdruck. In der Folge kommt es zu angestrengten und überdetaillierten Sachverhaltsdarstellungen einiger Kollegen. Manche hingegen halten sich zurück und sagen gar nichts, während andere einen Machtkampf über Wertehaltungen, Meinungen und Überzeugungen austragen.*

Was fördert/behindert den Kontakt zu den Personen in diesem Meeting? Wie kommen Sie miteinander erst einmal gut in Kontakt? Was muss getan werden, damit Botschaften ankommen und angenommen werden? Wie können Teilnehmer/innen üben, wie sie zufriedenstellendere Beziehungen im Meeting zu den anderen Teilnehmern aufbauen können?

Was bedeutet eigentlich ein guter Kontakt?

Kontakt bedeutet so etwas wie eine gemeinsame „Wellenlänge“ zu haben. Es bedeutet, dass wir uns mit unseren verschiedenen Bezugssystemen aufeinander ***„einstellen“***. ***Dadurch*** entsteht Sympathie und Vertrauen zwischen uns und anderen Personen, mit denen wir in Kontakt treten wollen und das Gefühl entsteht: „Mein Gegenüber taktet genau so wie ich, wir verstehen einander, wir sind auf einer Wellenlänge und damit füreinander berechenbarer!“ Es entsteht eine gemeinsame ***„Wellenlänge“***, mit der wir uns gegenseitig für die inhaltlichen Botschaften öffnen.

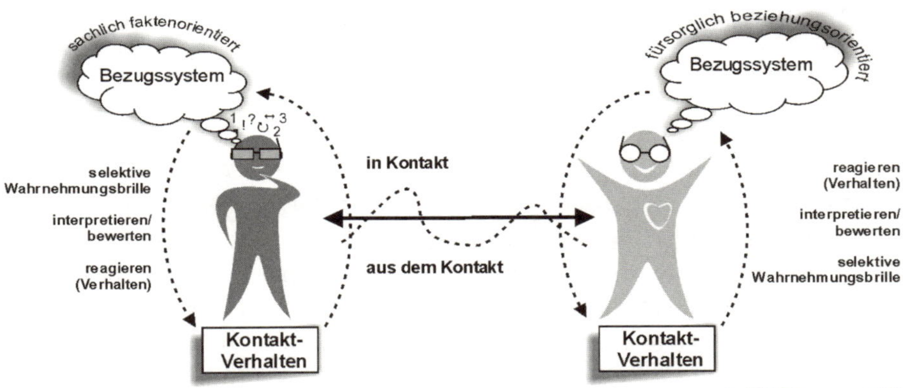

Natürlich bleiben wir nicht ständig in Kontakt mit anderen Personen, so wie ein Funkgerät, das ständig auf Empfang eingestellt ist.
Mit anderen Menschen in Kontakt kommen zu wollen, ist eine bewusste Entscheidung. Kontakt passiert meist nicht von selbst. Wir müssen dafür Energie investieren und so wie bei einem Fernsehgerät unsere Sende- und Empfangsfrequenzen so einstellen, dass wir uns gegenseitig erreichen (empfangen) können. Dazu ist es erforderlich, dass wir dafür Energie aufwenden. Wie das möglich wird, und wie viel Energie wir dazu benötigen, hängt von der Persönlichkeit jener Person(en) ab, mit denen wir in Kontakt treten wollen.

Es geht bei diesem Prozess nicht darum, sich zu verstellen oder eine andere Persönlichkeit zu spielen. Es geht schlicht und einfach darum, sich auf unterschiedliche Persönlichkeiten einzustellen.

Wie kommen Sie mit anderen gut in Kontakt?

Um mit anderen gut in Kontakt zu kommen, müssen Sie die passende Zugangstür finden. Darunter versteht man jenen Bereich, der zur Kontaktaufnahme dient und der von unserem Gegenüber am meisten mit Energie besetzt ist. Die „richtige“ Zugangstür ist jener Bereich, auf den verschiedene Persönlichkeiten im Alltag in der Kontaktphase mit der größten Wahrscheinlichkeit positiv reagieren und wie Sie mit ihnen am leichtesten in Kontakt kommen können. Wenn Sie eine Idee über die Persönlichkeit Ihres Gegenübers haben, dann wissen Sie auch, was seine bevorzugte Zugangstür ist. Wenn Sie die Zugangstür nicht finden, laufen Sie Gefahr, die Falltür zu nehmen.

Was ist die „Falltür“ zu anderen?

Die Falltür ist jener Bereich, in dem es mit den anderen am ehesten zu Schwierigkeiten bei der Kontaktaufnahme kommen wird (siehe Eingangsbeispiel: Probleme im Meeting). Im ungünstigsten Fall werden die anderen eine „Hintertür“ nutzen, um aus der für sie unangenehmen Situation zu entkommen. Es kann aber auch sein, dass es zu einem Gespräch kommt, das wie auf einer „schiefen Ebene“ abläuft. Man hat das Gefühl, dass man „feststeckt“ oder irgendwie aneinander vorbei redet.

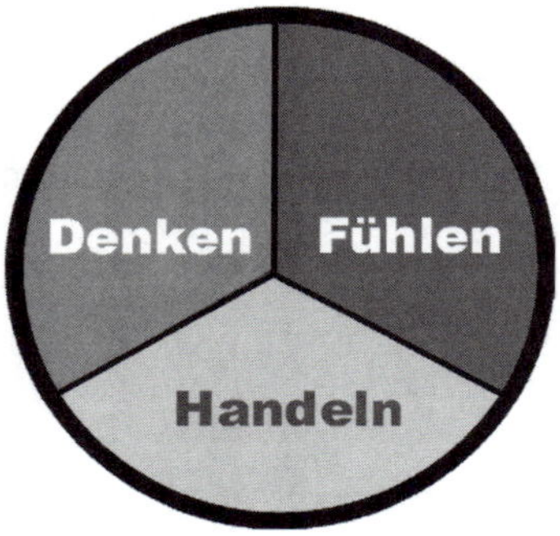

Einfach dargestellt gibt es drei Zugangstüren:

Zumeist genügt es, auf die bevorzugte Zugangstür des Gegenübers zu achten und sich darauf einzustellen. Welchen Kontakt bevorzugt mein Gegenüber. Über das Fühlen? Über das Denken? Über das Handeln?

Zugangstüren und Falltüren in der Praxis:

Persönlichkeits-Stil:	Zugangstür:	Falltür:
Einfühlsame  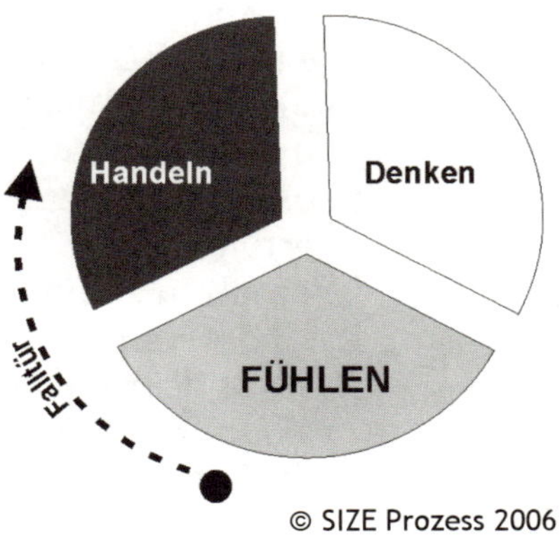 © SIZE Prozess 2006	**FÜHLEN** Sie können über das Gefühl abgeholt werden. Dazu eignet sich ein persönlicher Gesprächseinstieg. Persönliche Wertschätzung und fürsorgliche Unterstützung sind wichtig.	**HANDELN** Vermeiden Sie ein zu rasches Handeln und Tun, ohne dass zunächst eine persönliche Kontaktaufnahme stattgefunden hat (Lächeln, Augenkontakt, freundliche Ansprache…). Da Einfühlsame unter Stress gefühlsmäßig übertriebenes Verhalten zeigen können, kann das zu Kritik und Verhaltensanweisungen (z.B.: *„Jetzt verhalten Sie sich doch nicht so emotional!“)* führen. Das führt bei Einfühlsamen aber häufig zu Rückzug und Kontaktabbruch.

Praxisbeispiele für eine Zugangstür über das F Ü H L E N (Gefühl):

Beispiel:

„Schön, dass Sie sich Zeit nehmen. Ein herrlicher Tag heute. Bei diesem schönen Wetter fühlt man sich wie neugeboren, finden Sie nicht auch? Wie geht es Ihnen?“

<table>
<tr><th>Persönlichkeits-Stil:</th><th>Zugangstür:</th><th>Falltür:</th></tr>
<tr>
<td>Analytiker

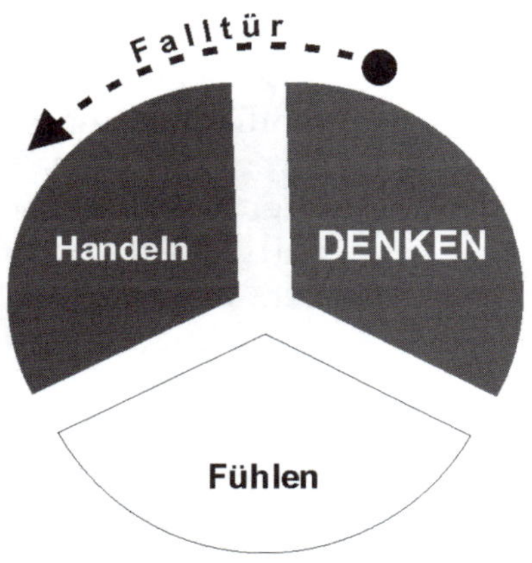
© SIZE Prozess 2006</td>
<td>DENKEN

Sie brauchen zunächst einen sachlichen Kontakt und ein strukturiertes Herangehen an das Thema (Sachfragen, klare Struktur...).</td>
<td>HANDELN

Vermeiden Sie mit Analytikern einen zu raschen Einstieg ohne Struktur und Informationsaustausch - nach dem Motto: „Lassen Sie uns nicht lange reden, sondern legen wir gleich los!“ Da Analytiker mit ihrem zwanghaften Perfektionismus und ihren manchmal überdetaillierten Darstellungen viel Anlass zu Kritik bieten, könnte das dazu verführen, ihr Verhalten zu beanstanden (z.B.: „Jetzt bringen Sie es doch endlich auf den Punkt!“) führen. Das führt allerdings zumeist zu Kontaktabbruch.</td>
</tr>
<tr><td colspan="3">Praxisbeispiele für eine Zugangstür über das analytische D E N K E N:

Beispiel:

„Ich schlage Ihnen vor, dass wir erst einmal die wichtigsten Besprechungspunkte festlegen und sie dann im Einzelnen der Reihe nach durchgehen. Als Zeitrahmen schlage ich vor...“</td></tr>
</table>

<table>
<tr><th>Persönlichkeits-Stil:</th><th>Zugangstür:</th><th>Falltür:</th></tr>
<tr>
<td>

Werteorientierte

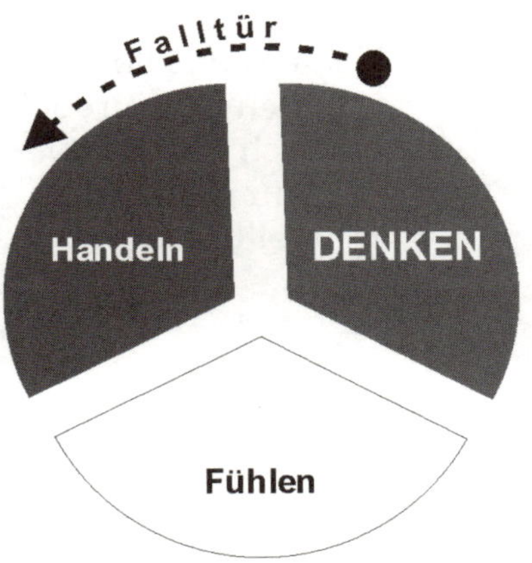

</td>
<td>

DENKEN

Sie brauchen zunächst einen respektvollen und sachlichen Kontakt. Sie sind angewiesen auf die Anerkennung ihrer Meinungen.

</td>
<td>

HANDELN

Vermeiden Sie mit ihnen, ähnlich wie beim Analytiker, einen zu raschen, Einstieg, ohne zunächst respektvoll ihre Meinungen und Erwartung zu hinterfragen - nach dem Motto: *„Ich weiß was richtig und was falsch ist!“* Werteorientierte können mit ihrem kritischen Verhalten und ihren manchmal eigenwilligen Ansichten dazu verleiten, Kritik an ihrem Verhalten zu üben (z.B.: *„Das ist Unsinn, was Sie da reden!“*). Das kann zu Kontaktabbruch und Machtkämpfen führen.

</td>
</tr>
<tr>
<td colspan="3">

Praxisbeispiele für eine Zugangstür über das werteorientierte D E N K E N:

Beispiel:

„Es ist mir sehr wichtig, diese Punkte zu besprechen und dazu Ihre Meinung zu hören...“

</td>
</tr>
</table>

<table>
<tr><th>Persönlichkeits-Stil:</th><th>Zugangstür:</th><th>Falltür:</th></tr>
<tr>
<td>Kreative

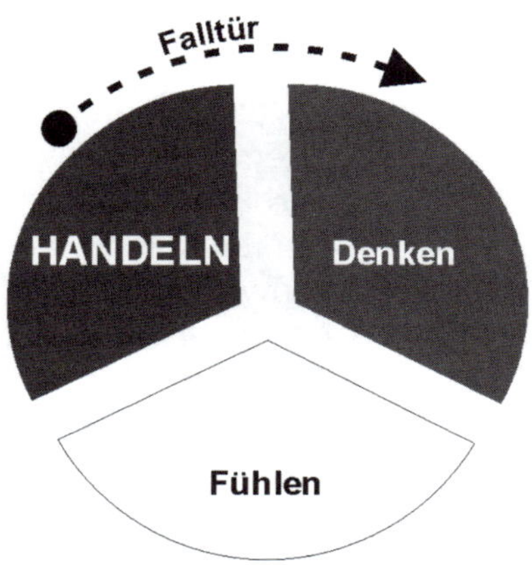
© SIZE Prozess 2006</td>
<td>VERHALTEN und HANDELN

Sie brauchen zunächst spontanes und humorvolles Verhalten und Handlungen (witziger, neckender Kontakt), als auch eine lockere Struktur und kreative, ungewöhnliche Ideen.</td>
<td>DENKEN

Vermeiden Sie einen zu sachlichen und analytischen Kontaktversuch über das Denken. Kreative lieben heiße Diskussionen, wechseln dabei aber nach Belieben ihre Standpunkte („Rösselsprünge“ im Denken) und versuchen damit rebellisch Ihre Kompetenz in Frage zu stellen.</td>
</tr>
<tr>
<td colspan="3">Praxisbeispiele für eine Zugangstür über das humorvolle VERHALTEN und HANDELN:

Beispiel:

„Haben Sie die witzigen neuen Prospekte schon gesehen? Vielleicht gelingen uns einige so originelle und kreative Ideen…“</td>
</tr>
</table>

<table>
<tr><th>Persönlichkeits-Stil:</th><th>Zugangstür:</th><th>Falltür:</th></tr>
<tr>
<td>Ruhige
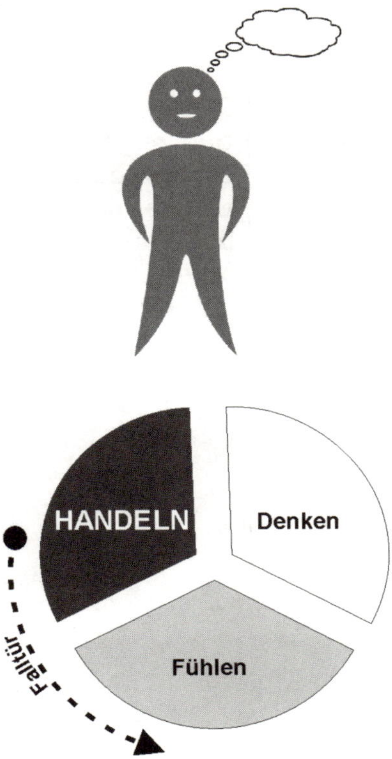

© SIZE Prozess 2006</td>
<td>VERHALTEN und HANDELN

Sie sind tendenziell passiv zurückhaltend und brauchen daher möglichst klare Verhaltens- und Handlungsvorgaben, sowie die Möglichkeit, die Lösung alleine anzugehen.</td>
<td>FÜHLEN

Ruhige können mit allzu gefühlsbetonten und fürsorglichen Beziehungsangeboten wenig anfangen. Das führt in der Regel zu Ängstlichkeit und Kontaktabbruch. Aber auch zu wenig Struktur, zu große Vielfalt und Aufregung können den totalen Rückzug zur Folge haben.</td>
</tr>
<tr><td colspan="3">Praxisbeispiele für eine Zugangstür über das VERHALTEN und HANDELN:

Beispiel:

„Machen Sie mir bitte eine Aufstellung über die Zahlungseingänge der letzten Woche....“</td></tr>
</table>

<table>
<tr><th>Persönlichkeits-Stil:</th><th>Zugangstür:</th><th>Falltür:</th></tr>
<tr>
<td>Aktive
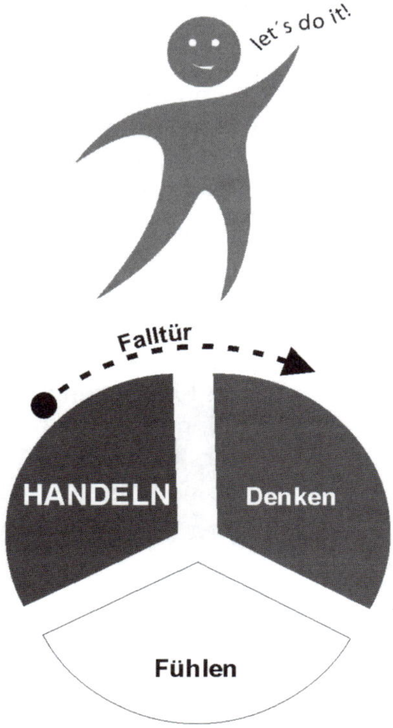

© SIZE Prozess 2006</td>
<td>VERHALTEN und HANDELN

Sie brauchen jemanden, der von Beginn weg bereit ist, ihren Sinn für Herausforderung, Aktion und Wettbewerb anzunehmen.</td>
<td>DENKEN

Vermeiden Sie ein zu sachlich, analytisches Vorgehen. Da sie zu Manipulation neigen, kann es sein, dass Aktive zwar das Angebot einer analytischen Diskussion annehmen, aber nur um den anderen dabei vielleicht „dumm aussehen“ zu lassen.</td>
</tr>
<tr><td colspan="3">Praxisbeispiele für eine Zugangstür über das aktive VERHALTEN und HANDELN:

Beispiel:

„Bringen Sie mir die Unterlagen mit, dann können wir gleich loslegen!“

„Sagen Sie mir bis wann das Projekt abgeschlossen sein muss, damit wir nicht lange reden, sondern sofort Nägel mit Köpfen machen!“</td></tr>
</table>

WICHTIG:

Kontakt kommt vor Inhalt!

Ohne Kontakt kommen die Inhalte beim Gegenüber in der Kommunikation nicht an!

ÜBUNG:
Gebrauchsanweisung für das Kontaktverhalten mit mir:

Wie würden Sie eine „Gebrauchsanweisung" im Kontaktverhalten mit Ihnen formulieren?

ÜBUNG:
Bevorzugte Art der Kontaktaufnahme:

Jeder hat seine Lieblingsart, mit anderen in Kontakt zu treten und auch seine Vorlieben dafür, wie mit ihm Kontakt aufgenommen werden soll. Erst mit gutem Kontakt kommen Inhalte an. In dieser Übung haben Sie die Möglichkeit, herauszufinden, welche Art der Kontaktaufnahme Sie bevorzugen.

Anweisung:

Stellen Sie sich vor, dass Sie zu einer Gesellschaft mit mehreren Personen eingeladen sind. Der Gastgeber ist sehr erfahren im Umgang mit unterschiedlichen Persönlichkeiten. Es widerstrebt ihm, routinemäßig mit seinen Gästen Kontakt aufzunehmen. Immer wieder gelingt es ihm ausgezeichnet, mit jedem Besucher auf individuelle Art und Weise in Kontakt zu kommen.

Lassen Sie diesen Gastgeber nun kreative Möglichkeiten finden, mit Ihnen auf dieser Gesellschaft gut in Kontakt zu kommen und zwar so, dass Sie den Eindruck haben, zwischen Ihnen und dem Gastgeber stimmt die „Wellenlänge“.

Notieren Sie:

Wie könnte es dem Gastgeber gelingen, mit Ihnen gut in Kontakt zu kommen, um eine gemeinsame Wellenlänge herzustellen?

Was waren rückblickend Situationen, in denen es Personen optimal gelungen ist, gut mit Ihnen in Kontakt zu kommen?

Wo und mit wem ist Ihnen das selbst schon gut gelungen?

Wie differenziert sind Sie bisher bei der Kontaktaufnahme mit anderen Personen vorgegangen?

ÜBUNG:
Falltüren und Misskommunikation:

Sie wissen bereits, dass jeder seine Lieblingsart hat, um mit anderen in Kontakt zu treten und auch seine Vorlieben dafür, wie mit ihm Kontakt aufgenommen werden soll. Gelingt eine gute Kontaktaufnahme, ist zumeist der Weg für ein gutes und konstruktives Gespräch frei. Allerdings gibt es bei der Kontaktaufnahme auch "Fallen", die zu Misskommunikation oder Kontaktabbruch führen können.

Im Alltag gilt: Kontakt kommt vor Inhalt! Ohne Kontakt kommen die Inhalte in der Kommunikation nicht an! Mit dieser Übung können Sie herauszufinden, wo Ihre "Falle" liegt und wo Sie Energie spüren, sich auf ein konstruktives Gespräch einzulassen.

Aufgabe 1:

Stellen Sie sich eine Situation in Ihrem Alltag vor, in der Ihnen ein Missgeschick passiert ist und das Sie nun lösen müssen. Eine Person aus Ihrem Umfeld kommt zu Ihnen und spricht Sie darauf an. Nachstehend sind mehrere Möglichkeiten angeführt, wie Sie diese Person anspricht. Machen Sie sich nach jeder der angeführten Möglichkeiten Notizen, wie es Ihnen mit der jeweils dargestellten Kontaktaufnahme geht. Beschreiben Sie auch kurz, wie Sie diese Kontaktaufnahme wahrnehmen, beurteilen und wie Ihr Verhalten wahrscheinlich daraufhin ausfallen würde?

Die Person kritisiert Ihr Verhalten und sagt Ihnen, was Sie besser machen sollen.

Die Person sucht zu Ihnen ein sehr persönliches Gespräch. Sie spricht mit Ihnen fürsorglich und versucht Ihnen zu helfen.

Die Person sucht mit Ihnen eine sachliche, logische Diskussion. Sie stellt Ihnen Fragen und durchdenkt mit Ihnen mehrere Lösungsmöglichkeiten.

Die Person gibt Ihnen klare Anweisungen, was Sie anders machen sollen.

Die Person spricht Sie witzig und humorvoll darauf an, und versucht das Missgeschick mit Ihnen in einer lockeren Atmosphäre zu besprechen.

Die Person sucht mit Ihnen wertschätzend eine sachliche Diskussion. Sie fragt Sie nach Ihrer Meinung dazu und sucht mit Ihnen gemeinsam eine zuverlässige Lösung.

Aufgabe 2:

Welche der angeführten Möglichkeiten würden Sie als am zielführendsten bezeichnen, um mit Ihnen zu einem konstruktiven Gespräch zu kommen?

Welche der angeführten Möglichkeiten setzen Sie selbst häufig ein, und zu welchen Ergebnissen führen sie?

Aufgabe 3:

Stellen Sie sich nun zwei bis drei verschiedene Personen aus Ihrem eigenen Umfeld vor, die Sie persönlich näher kennen. Ziel ist es, mit diesen Personen ein gutes Gespräch zu führen.

Was müssten Sie tun, um mit den einzelnen Personen gut in Kontakt zu kommen?

Wie könnten Sie den Gesprächseinstieg so gestalten, dass Sie in keine „Falle" tappen, die zu Misskommunikation oder Kontaktabbruch führen könnte?

Kommunikations-Stile

Kommunikationsprozesse erfolgreich gestalten?

Wöchentliches Meeting in einem Handelsunternehmen. Der Niederlassungsleiter stellt den Abteilungsleitern ein neues Kundenserviceprogramm vor. Jeder im Meeting soll sagen, was er selbst davon hält und wie die Kunden diese neuen Leistungen aus deren Sicht vermutlich wahrnehmen und beurteilen werden. Das Ergebnis: Man könnte meinen, die einen sprechen über die Mondlandung und die anderen über das letzte Familientreffen, so unterschiedlich sind Wahrnehmungen und Aussagen. Dabei ging es um die Kunden der anwesenden Personen, also um jene Gruppe, von der man annehmen müsste, dass man sie einigermaßen kennt...

Mit der passenden Zugangstüre finden Sie den Einstieg in die Kommunikation. Sie finden den Kontakt zu anderen Menschen und können dann die Kommunikation mit ihnen in der „richtigen“ Sprache - angepasst an ihre Persönlichkeit - gestalten.

Wenn Sie eine Idee davon haben, mit welcher Persönlichkeit Ihres Gegenübers Sie es zu tun haben, dann können Sie Ihren Kommunikations-Stil darauf einstellen. Verlassen Sie sich dabei nicht auf einzelne Aspekte, sonder versuchen Sie offen zu sein für die gesamte Persönlichkeit.

Wer bevorzugt welchen Kommunikations-Stil?

Soziale Systeme können sich nur bilden und erhalten, wenn die teilnehmenden Personen ihre individuellen Wahrnehmungen („Wahrnehmungsbrille“) und Ansichten austauschen, also miteinander durch Kommunikation verbunden sind.

In diesen Kommunikationsprozessen werden Verhaltensweisen (Persönlichkeits-Stile) aufeinander abgestimmt. Die beteiligten Personen beeinflussen sich dabei wechselseitig. Bestimmte Kommunikations-Stile im Alltag können einerseits die Anschlussfähigkeit zwischen den handelnden Personen und Gruppen erhöhen, weil sie damit füreinander berechenbarer werden. Andererseits können sie aber auch genau das Gegenteil bewirken und zu Distanz oder gar zu Kontaktabbruch führen.

Wenn wir eine oder mehrere Personen ansprechen, tun wir das aus einem bestimmten Persönlichkeits-Stil und der dazugehörenden „Wahrnehmungssprache“. Gleichzeitig erwarten wir von unserem Gegenüber im Allgemeinen auch eine Reaktion aus einem bestimmten Persönlichkeits-Stil. Je nachdem ob, ob die Reaktion aus dem erwarteten Persönlichkeits-Stil kommt oder nicht, ergibt sich eine gemeinsame Wellenlänge, die sich in einer mehr oder weniger stimmigen Kommunikation zeigt.

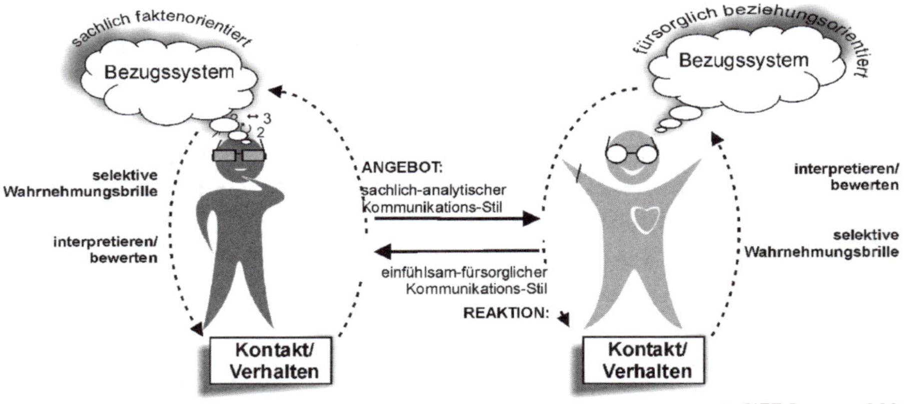

© SIZE Prozess 2006

Beispiel dafür, dass Kommunikations-Angebot und Reaktion nicht übereinstimmen. Die Wellenlänge stimmt nicht und es kann zu Misskommunikation und Stress kommen!

Bevorzugter Kommunikationsstil aus dem
Einfühlsamen Persönlichkeits-Stil:

© SIZE Prozess 2007

Der **einfühlsam-fürsorgliche Kommunikations-Stil** kommt aus unserem elterlich fürsorglichen oder nährenden Persönlichkeitsanteil. Er ist gefühlsbetont, fürsorglich, unterstützend, verständnisvoll, mitfühlend und signalisiert Wärme, menschliche Nähe und echtes Interesse an der Person des Gegenübers.

„Ich werde mir für Sie Zeit nehmen!" „Das habe ich gespürt .../Mir geht es ähnlich...!" „Wie geht es Ihnen? Mir geht es ...!" „Wie fühlen Sie sich (mit ...)?" „Sie sollen dabei ein gutes Gefühl haben!" „Es ist eine angenehme Lösung, weil ..."

Welche Worte und Redewendungen verwenden Einfühlsame in der Kommunikation?

Gefühl, ich fühle..., ein gutes Gefühl haben..., angenehm, unangenehm, traurig, ängstlich, freudig, spüren, unwohl, berührt sein, herzlich, harmonisch, glücklich, liegt mir am Herzen, traurig, sanft, mögen, befürchten, angenehm, verlockend, erschrecken......

Wann verläuft die Kommunikation anschlussfähig?

Einfühlsame kommunizieren bevorzugt mit dem einfühlsam-fürsorglichen Kommunikations-Stil. Sie erwarten von ihrem Gegenüber eine Reaktion aus dem einfühlsamen oder kreativen Persönlichkeits-Stil.

Bevorzugter Kommunikationsstil aus dem
Analytischen Persönlichkeits-Stil:

© SIZE Prozess 2007

Beim **sachlich-analytischen Kommunikations-Stil** geht es um den sachlichen Austausch von Ideen und Informationen aus dem logisch und rational beobachtenden, überlegenden, mit analytischem Verstand agierenden Persönlichkeitsanteil. Emotionen und Wertehaltungen spielen dabei eine untergeordnete Rolle.

„Wer", „was", „wann", „wo", „wie", „was denken Sie über ...?"

Welche Worte und Redewendungen verwenden Analytiker in der Kommunikation?

Ich denke, exakt, richtig, logisch, 100 Prozent, das sind die Tatsachen, stimmt, genau, meine Idee ist ..., Analyse, mit System, rechnen, welche Optionen, bedeutet das..., Fakten, Informationen, Daten, Zeitrahmen, abschätzen, Kosten, vergleichen, Ziele...

Wann verläuft die Kommunikation anschlussfähig?

Analytiker kommunizieren bevorzugt mit dem sachlich-analytischen Kommunikations-Stil. Sie erwarten von ihrem Gegenüber ebenso eine Reaktion aus dem analytischen Persönlichkeits-Stil.

Bevorzugter Kommunikationsstil aus dem
Werteorientierten Persönlichkeits-Stil:

Beim **sachlich-werteorientierten Kommunikations-Stil** geht es um einen sachlich-respektvollen Austausch von Ansichten, Meinungen und Überzeugungen. Er kommt aus unserem werteorientiert elternhaften Persönlichkeitsanteil. Er dient dazu, Überlegungen und Werthaltungen des Gegenübers zu hinterfragen, um mit ihnen anschlussfähig zu werden. Er wird aber auch eingesetzt, um eigene Ansichten und Grundhaltungen mitzuteilen.

„Meiner Meinung nach ..." „Darf ich Sie nach Ihrer Meinung/Ansicht zu ... fragen?" „Hier interessiert mich Ihre Meinung!" „Was meinen Sie zu ...?" „Ich bin überzeugt, dass wir damit die beste Lösung ausgewählt haben!"

Welche Worte und Redewendungen verwenden Werteorientierte in der Kommunikation?

Richtig, falsch, genau, ich meine, meiner Meinung nach, allgemein ist es so..., man sollte, ich bin der Überzeugung, Meinung, wollen, glauben, wir sollten/müssen, bin davon überzeugt, Respekt, Werte, Bewunderung, Treue, Tradition, Ordnung, Mut, beurteilen, Pflichtbewusstsein, Engagement, Ausdauer, Vertrauen, Qualität...

Wann verläuft die Kommunikation anschlussfähig?

Werteorientierte kommunizieren bevorzugt mit dem sachlich-werteorientierten Kommunikations-Stil. Sie erwarten von ihrem Gegenüber entweder eine Reaktion aus dem deckungsgleichen werteorientierten Persönlichkeits-Stil oder auch aus dem analytischen Persönlichkeits-Stil.

Bevorzugter Kommunikationsstil aus dem
Kreativen Persönlichkeits-Stil:

© SIZE Prozess 2007

Mit dem **humorvoll-reaktiven Kommunikations-Stil** findet ein Energieaustausch zwischen den gefühlvoll verspielten, lustigen, unbefangenen und spontanen kindlichen Persönlichkeitsanteilen von zwei Personen statt.

„Wow, das ist ja eine aufregende Lösung!" „Hi, das ist ein echt cooles Set!" „Oh, echt Klasse, das ... !"„Boah, das ... gefällt mir!" „Okay, ein wenig Spaß kann ich jetzt auch gebrauchen!" „Lassen Sie uns eine kurze Pause machen!"

Welche Worte und Redewendungen verwenden Kreative in der Kommunikation?

Aufregend, lustig, cool, super, toll, Klasse, mag ich, Spaß, wow, gefällt mir, gefällt mir nicht, hasse ich, mag ich nicht, witzig, super, originell, Spielerei...

Wann verläuft die Kommunikation anschlussfähig?

Kreative kommunizieren bevorzugt mit dem humorvoll-kreativen Kommunikations-Stil. Sie erwarten von ihrem Gegenüber eine Reaktion aus dem kreativen Persönlichkeits-Stil.

Bevorzugter Kommunikationsstil aus dem
Aktiven Persönlichkeits-Stil:

© SIZE Prozess 2006

Mit dem **direktiv-aktiven Kommunikations-Stil** wird die Energie auf konkretes Handeln gerichtet. Das beinhaltet entweder eine konkrete Aufforderung oder Anweisung oder signalisiert die eigene Bereitschaft zu Aktion, Handlung und Aktivität. Dieser Kommunikations-Stil kommt aus dem impulsiv-emotionalen und handlungsorientierten Persönlichkeitsanteil.

„Was können Sie sofort liefern?" „Geben Sie mir drei Tage und wir besorgen Ihnen den fehlenden Teil" „Können Sie den Preis machen, oder..." „Ich brauche sofort eine Beratung ...!" „Lassen Sie uns Klartext reden...!"

Welche Worte und Redewendungen verwenden Aktive in der Kommunikation?

Schnell, rasch, Treffer, anpacken, loslegen, etwas machen, Bingo, sofort etwas unternehmen, etwas tun, da müssen wir aktiv werden, machen Sie..., ans Eingemachte, Haupttreffer, in Gang bringen, zupacken, Herausforderung, auffallend, einzigartig, sofort, los geht´s, genug geschwätzt, aufregend, wetten, Bedingungen...

Wann verläuft die Kommunikation anschlussfähig?

Aktive kommunizieren bevorzugt mit dem direktiv-handlungsorientierten Kommunikations-Stil. Sie erwarten von ihrem Gegenüber eine Reaktion aus dem handlungsbereiten analytischen Persönlichkeits-Stil.

Bevorzugter Kommunikationsstil aus dem
Ruhigen Persönlichkeits-Stil

Als Sender: **Sachlich denkend und reagierend**
Als Empfänger: **Direktiv sachlich**

Mit dem **sachlich-direktiven Kommunikations-Stil** wird ruhig und sachlich zu konkreten Handlungen aufgefordert. Er richtet sich an den rational beobachtenden, überlegenden, mit sachlichem Verstand agierenden Persönlichkeitsanteil.

„Rufen Sie mich bitte zurück!" „Machen Sie mir eine Zusammenstellung der Daten bis...?" „Wenn Sie darüber nachdenken, dann ...?" „Lassen Sie sich ruhig Zeit!" „Sagen Sie mir, bis wann..."

Welche Worte und Redewendungen verwenden Ruhige in der Kommunikation?

Überlegen, weiß nicht genau, zuhören, begreifen, alleine, überdenken, zurückhaltend, ruhig, still, Friede, Zeit, Einsamkeit, abwarten, darüber nachdenken, mir ein Bild davon machen, kann ich mir noch nicht vorstellen, brauche ich noch Zeit, nur keine Aufregung...

Wann verläuft die Kommunikation anschlussfähig?

Ruhige erwarten ein Kommunikationsangebot aus dem direktiv-sachlichen Kommunikations-Stil. Selbst setzen sie zumeist den sachlich-analytischen Kommunikations-Stil ein.

Verbesserung der Kommunikation in Unternehmen:

Ansatzpunkt für die Verbesserung von Kommunikation in Organisationen können sämtliche Elemente einer Kommunikation sein, insbesondere jedoch Personen und Strukturen.

Häufig wird bei der Verbesserung von Kommunikation zunächst bei Personen angesetzt, indem Kommunikationstrainings veranstaltet werden. Ziel ist es, die soziale Sensibilität (Gespür für andere Menschen und soziale Situationen) zu erhöhen, flexibler im eigenen Kommunikationsverhalten zu werden (=mehr Verhaltensalternativen), d.h. flexibler in unterschiedlichen Kommunikationssituationen zu reagieren.

Häufig sind aber die Probleme in organisatorischen Kommunikationsprozessen in der Struktur zu suchen.

Mit folgenden Fragen können sie angesprochen werden:

- *Was sind typische Barrieren innerorganisatorischer oder interpersoneller Kommunikation in unserer Organisation?*

- Was sind die Bedingungen effektiver Kommunikation in unserer Organisation?

Sich nur auf die Struktur und den Prozess der Kommunikation (also was zwischen zwei Personen passiert), ohne die dahinter stehenden **Kulturelemente** zu begreifen, die jeder Information erst die „richtige“ Bedeutung geben, zieht ein Scheitern nach sich - mag die gewählte Form der Kommunikation noch so präzise und korrekt gewesen sein.

ÜBUNG:
Kommunikations-Stile & Wahrnehmungsbrillen

Stellen Sie sich vor, eine Führungskraft würde einen Vortrag zum Thema Mitarbeiterführung halten.

WAS würde uns eine ***analytische*** *Führungskraft* **WIE** sagen? Auf welche Aspekte der Mitarbeiterführung wäre die Aufmerksamkeit wahrscheinlich gerichtet?
(Sie würde vielleicht sachlich erzählen, wie wichtig Organisation, Logik und Zielstrebigkeit sind. Im Zentrum der Aufmerksamkeit würden wahrscheinlich gründliche Analysen, Arbeiten mit System, logisches Denken, Kompetenz und Leistung stehen).

WAS würde uns vielleicht eine ***einfühlsame*** *Führungskraft* **WIE** sagen? Auf welche Aspekte der Mitarbeiterführung wäre die Aufmerksamkeit wahrscheinlich gerichtet?
(Sie würde vielleicht von guten Beziehungen, Harmonie und einer guten Atmosphäre berichten. Sie würde möglicherweise ihre Empfindungen und das soziale Miteinander schildern).

WAS würde uns vielleicht eine ***aktive*** *Führungskraft* **WIE** sagen? Auf welche Aspekte der Mitarbeiterführung wäre die Aufmerksamkeit wahrscheinlich gerichtet?
(Sie würde wahrscheinlich aktiv und draufgängerisch berichten, welche Herausforderung sie aus Mitarbeiterführung macht. Sie würde beschreiben mit welcher Aufregung das Ganze verbunden ist und wie sie Mitarbeiter aktiv beschäftigt. Sie würde möglicherweise auch den Zuhörern auf direkte Art und Weise Tipps und Ratschläge geben).

WAS würde uns vielleicht eine ***werteorientierte Führungskraft*** **WIE** sagen? Auf welche Aspekte der Mitarbeiterführung wäre die Aufmerksamkeit wahrscheinlich gerichtet?
(Sie würde vielleicht erzählen, dass sie mit Gewissenhaftigkeit und Erfahrung an diese Aufgabe herangeht. Vielleicht wird sie versuchen, die Zuhörer davon zu überzeugen, wie wichtig es ist, auf bestimmte Aspekte bei der Mitarbeiterführung zu achten).

____

____

____

____

WAS würde uns vielleicht eine ***kreative Führungskraft*** **WIE** sagen? Auf welche Aspekte der Mitarbeiterführung wäre die Aufmerksamkeit wahrscheinlich gerichtet?
(Sie würde vielleicht witzig und humorvoll Anekdoten aus ihrem Führungsalltag berichten. Durch die Art der Erzählung wird klar, dass sie wahrscheinlich manche Dinge der Mitarbeiterführung nicht so ernst nimmt und daher eher die spaßigen Elemente aus dem Alltag wahrnimmt).

____

____

____

____

WAS würde uns vielleicht eine ***ruhige Führungskraft*** **WIE** sagen? Auf welche Aspekte der Mitarbeiterführung wäre die Aufmerksamkeit wahrscheinlich gerichtet?
(Sie würde vielleicht still, zurückhaltend und mit wenigen Worten erzählen, dass sie an das Thema Mitarbeiterführung mit Ruhe und Abstand herangeht. Es würde vielleicht deutlich werden, dass sie an selbständigen Mitarbeitern interessiert ist, die ihr ermöglichen, möglichst alleine und zurückgezogen zu arbeiten.)

____

____

____

____

Motivation

Grundbedürfnisse als Motor unserer Lebendigkeit:

Haben Sie schon mal erlebt, dass eine Tätigkeit oder ein Film so spannend und fesselnd war, dass Sie damit nicht aufhören wollten oder den Film unbedingt zu Ende sehen mussten? Erst danach haben Sie erstaunt festgestellt, dass Sie die Zeit vergessen haben! Kennen Sie Situationen, in denen Sie sich energielos gefühlt haben und Ihnen Tätigkeiten nicht von der Hand gegangen sind. Aber durch ein bestimmtes Ereignis, durch bestimmte Umstände war urplötzlich wieder Energie in Ihnen und Sie hatten das Gefühl, dass Sie Wände bewegen könnten?
Wenn Sie solche Situationen kennen, wissen Sie, wovon hier die Rede ist, wenn wir von Motivation reden.

Grundbedürfnisse als Energielieferant für unsere Lebendigkeit :

Grundbedürfnisse zählen zu den zentralen Aspekten unserer Existenz und Lebendigkeit. Dazu zählen sowohl körperliche Bedürfnisse als auch psychologische Bedürfnisse. Neben den vitalen Grundbedürfnissen nach z.B. Flüssigkeitszufuhr, Schlaf, Nahrung und einem Dach über unserem Kopf, spielen dabei auch unsere psychologischen Grundbedürfnisse eine wichtige Rolle, die wir regelmäßig angemessen befriedigen müssen. Die Befriedigung von Bedürfnissen kann als Wunsch verstanden werden, einen Gefühlszustand von Entspannung, Zufriedenheit und OK sein zu erreichen, bzw. unerwünschte Gefühlszustände zu beseitigen oder zu vermeiden. Dadurch wird bei uns Energie freigesetzt, die uns ermöglicht, uns unseren Aufgaben und Herausforderungen des Lebens lebendig und energievoll zuzuwenden.
Um gesund, lebendig, energievoll und leistungsfähig zu bleiben, müssen wir sowohl unsere körperlichen als auch psychischen Bedürfnisse in angemessener Art und Weise befriedigen.

Das wohl bekannteste Beispiel eines Energielieferanten im Alltag ist eine Batterie. Stellen Sie sich einen Spitzensportler vor, der bei längerer Belastung vergisst, seinem Körper Kohlenhydrate und Elektrolyte zuzuführen? Seine Batterien - als Energielieferanten - würden sich rasch leeren, und seine körperliche Leistungsfähigkeit würde allmählich immer stärker absinken.

Ganz ähnlich ist es bei uns Menschen im täglichen Leben. Für die Bewältigung unserer Herausforderungen im Alltag benötigen wir Energie. Sie kennen wahrscheinlich das Gefühl, wenn die „eigenen Batterien" leer werden und wenn sie keine Energie mehr liefern. Werden bestimmte Bedürfnisse von uns für kurze Zeit nicht ausreichend befriedigt, wirkt sich das nicht sofort negativ aus. Unsere Energiereserven werden immer weniger, Verstimmung und Energielosigkeit machen sich breit. Auf längere Sicht kann das zu einer Verhärtung unserer Persönlichkeit, zu Depression und Krankheit führen.

ÜBUNG:
Situationen der Energie und Lebendigkeit:

Was waren drei Situationen, in denen Sie sich besonders lebendig und motiviert gefühlt haben?

Denken Sie dabei an Einzelheiten in Ihrem Umfeld, die diese Lebendigkeit und Motiviertheit gefördert haben.

Grundbedürfnisse:

Von den wichtigen psychologischen Bedürfnissen in unserem Leben spielen unter anderem das Bedürfnis nach sinnlicher Anregung, nach Beachtung, Zuwendung und Anerkennung eine ebenso große Rolle, wie unser Bedürfnis nach Strukturierung unserer Zeit (***nach Eric Berne 1964, 1966, 1970, 1972***). Diese Grundbedürfnisse von uns sind eng miteinander verflochten und stehen in engem Zusammenhang mit der Ausprägung unserer integrierten Persönlichkeits-Stile und unserem Lebensalter. Nicht jeder von uns hat die gleichen psychologischen Grundbedürfnisse, sondern sie sind, wie wir später noch feststellen werden, überaus unterschiedlich und können sogar in Widerspruch zueinander stehen.

Grundbedürfnis nach Stimulierung und Anregung:

Würde man uns - während eines gewissen Zeitraumes - von jeder sinnlichen Reizung abschirmen, würden wir im Allgemeinen nach zwei Tagen krankhafte seelische Zustände - wie z.B. Halluzinationen - zeigen. Beim Grundbedürfnis nach Stimulierung und Anregung handelt es sich um unsere Suche nach, und unser Aufspüren von anregenden und aufregenden Situationen. Dadurch werden unsere eigenen Sinne (Hören, Berühren, Riechen, Schmecken, Sehen) stimuliert.

Das zeigt sich im Alltag:

- *im Streben, aktiv und verändernd tätig werden zu wollen*
- *in der Neugierde*
- *im Wunsch, immer wieder etwas Anderes/Neues tun zu wollen*
- *in der Suche nach Abwechslung*
- *im Wunsch, nicht immer dasselbe tun zu wollen*
- *in der Suche nach Herausforderungen*
- *in der Spontaneität*
- *in der Verwirklichung von neuen Ideen, usw.*

Grundbedürfnis nach Beachtung, Zuwendung und Anerkennung:

Jeder von uns hat von Geburt an einen Austausch von Zuwendung und Beachtung nötig. Wir haben das Bedürfnis, in Beziehungen angenommen zu werden und Reaktionen zu erleben.

Das zeigt sich im Alltag im Streben:

- *als Mensch akzeptiert und geliebt zu sein*
- *Beziehung und Kontakt als passend und sinnvoll zu erleben*
- *Anerkennung und Lob zu erhalten, usw.*

Grundbedürfnis nach Strukturierung unserer Zeit:

Wir haben das Bedürfnis, die eigene Zeit zu strukturieren und auszufüllen. Ebenso das Bedürfnis nach Orientierung und Rahmenbedingungen. Dadurch bestimmen wir, wie strukturiert und gezielt wir die Zeit mit anderen Menschen verbringen wollen. Es hilft uns einerseits Eintönigkeit und Langeweile zu vermeiden, andererseits sicherzustellen, dass unsere Bedürfnisse nach Stimulierung, Beachtung, Anerkennung und Akzeptanz befriedigt werden.

Das zeigt sich im Alltag im Streben:

- *nach Zeitplänen*
- *nach Ordnungskriterien*
- *nach Zielen und Klarheit darüber, was erwartet wird*
- *nach Richtlinien für Arbeitsabläufe und Leistungsprozesse*
- *nach Durchführungsbestimmungen*
- *nach Perspektiven*
- *nach Mitwirkung und Mitbestimmung, usw.*

Verhalten im Alltag wird wesentlich durch Grundbedürfnisse geprägt:

Das Verhalten von Menschen ist wesentlich durch ihre psychologischen Grundbedürfnissen und Motivationen geprägt. Verhalten und Handeln ist vordergründig auf die Erfüllung grundlegender psychologischer Bedürfnisse ausgerichtet.

Jeder Persönlichkeits-Stil hat andere Grundbedürfnisse.

Die Befriedigung psychologischer Grundbedürfnisse führt zu Energie und Lebensfreude.

Werden sie jedoch nicht regelmäßig befriedigt, führt das zu negativen Gefühlen, Energielosigkeit und Leistungsabfall. Menschen versuchen dann häufig, dieses Defizit - bewusst oder unbewusst - auf negative Art und Weise auszugleichen.

Grundbedürfnisse bestimmen das bevorzugte soziale Umfeld:

Wir Menschen unterscheiden uns voneinander nicht nur in der unterschiedlichen Art und Weise, wie wir uns verhalten und den Kontakt zu unseren Mitmenschen gestalten, sondern auch darin, was wir innerlich empfinden und brauchen, um uns im zwischenmenschlichen Miteinander wohl zu fühlen.

Vier verschiedene Grundausrichtungen:

Allgemein lassen sich im sozialen Umfeld bei den sechs Persönlichkeits-Stilen, in Anlehnung an Fritz Riemann (1975), vier verschiedene Ausrichtungen beobachten: unser Bedürfnis nach **Geborgenheit** (z.B. Nähe, Bindung, zwischenmenschlichen Kontakt, Zuneigung, Mitmenschlichkeit, Sympathie, Vertrauen), nach **Freiheit** (z.B. Distanz, Unabhängigkeit, Ruhe, Abgrenzung, Unverwechselbarkeit), nach **Stabilität** (z.B. Ordnung, Regelmäßigkeit, Sicherheit, Berechenbarkeit, Kontrolle, Ziele, Dauer, Planung, Kontinuität), nach **Abwechslung** (z.B. Neues, Herausforderung, Spontaneität, Veränderung).

So wie alle sechs Persönlichkeits-Stile in jedem von uns in unterschiedlicher Ausprägung vorkommen, so erleben wir auch alle vier Grundausrichtungen in unserer Persönlichkeit. Dennoch dominieren im täglichen zwischenmenschlichen Geschehen zumeist nur ein oder zwei davon. Diese Grundausrichtungen haben zudem hohen Einfluss darauf, wie wir uns in Gruppen und Teams verhalten und wie wir mit Druck, Stress und emotionaler Verstimmung umgehen.

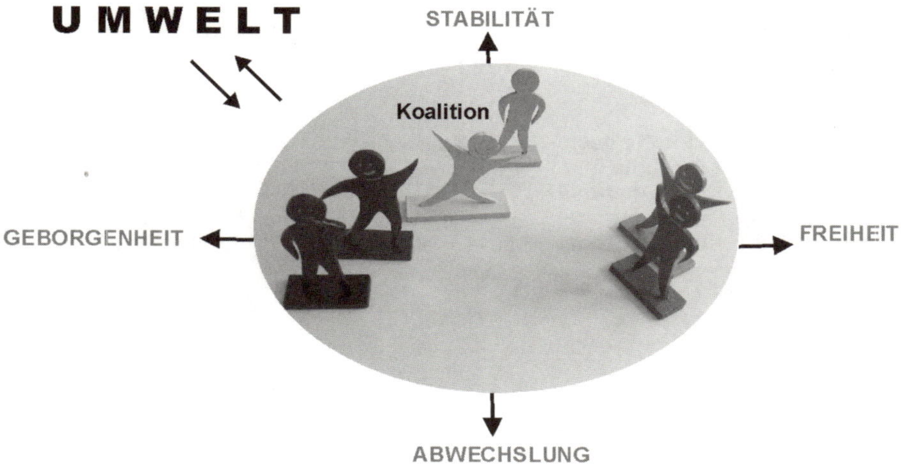

© SIZE Prozess 2006

Beispiel für eine Systemaufstellung mit dem Focus auf die Grundstrebungen von Persönlichkeiten in einem sozialen System

Basis-Grundbedürfnisse als Energiequellen aus dem EINFÜHLSAMEN PERSÖNLICHKEITS-STIL:

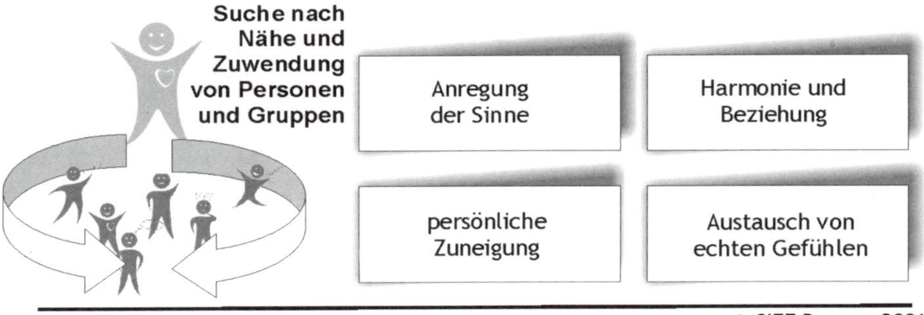

Energie und Motivation entstehen bei Einfühlsamen in einem Umfeld, das ihnen menschliche Nähe ermöglicht. Sie schätzen vorrangig die Geborgenheit einer festen Gruppe oder eines Teams, vor allem dann, wenn es dort Harmonie gibt und sie persönliche Zuneigung spüren. Ebenso sind Ihnen Dinge und Gefühle wie Bindung, Zuneigung, Sympathie, Mitmenschlichkeit und Geborgenheit wichtig.

Beispiele für Energielieferanten:

- *anregende Stimulierung durch die Sinne - Sehen, Hören, Berühren, Riechen, Schmecken - z.B. durch eine Arbeitsumgebung mit einer angenehmen, harmonischen und konfliktfreien Atmosphäre*
- *menschliche Wärme und das Gefühl, als Mensch akzeptiert und gemocht zu werden*
- *das Gefühl, als Mensch dazuzugehören und wertgeschätzt zu sein, Freundschaft, Partnerschaft*
- *Zuwendung bekommen über das Engagement für die Bedürfnisse anderer*
- *Zeit verbringen mit Menschen in Vertrautheit und Nähe*
- *ein echter Austausch von Gefühlen als menschliche Form der Begegnung*
- *fürsorgliche Unterstützung erhalten*
- *freundlicher und wertschätzender Umgangston in der täglichen Kommunikation mit ihnen*

Basis-Grundbedürfnisse als Energiequellen aus dem ANALYTISCHEN PERSÖNLICHKEITS-STIL:

Energie und Motivation entstehen bei Analytikern in einem Umfeld, das Ihnen Struktur, Planung und Kontrolle ermöglicht. Ebenso in einem Umfeld, das bereit ist, ihnen Anerkennung für Kompetenz, Leistung und Erfolg zu geben.

Analytiker versuchen - mit Ihrem Verhalten - das Gefühl von Vergänglichkeit, Unsicherheit, Wandel und Chaos, vor Unvorhersehbarem, Ungewissheit, Angst vor Risiko und ungeplanter Veränderung möglichst zu vermeiden.

Beispiele für Energielieferanten:

- *Zugang zu Wissen und neuen Informationen, um die eigene Kompetenz weiter zu entwickeln*
- *Möglichkeit zur Weiterentwicklung der eigenen Kompetenz*
- *Anerkennung für Kompetenz, Leistung und Erfolg*
- *Arbeiten nach Zeitplänen*
- *Struktur, Planung, Organisation*
- *Möglichkeit, bereits bestehende Leistungen noch zu maximieren*

Basis-Grundbedürfnisse als Energiequellen aus dem WERTEORIENTIERTEN PERSÖNLICHKEITS-STIL:

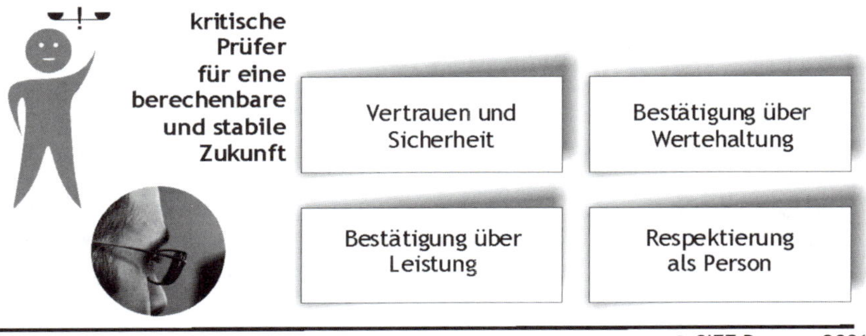

© SIZE Prozess 2006

Energie und Motivation entstehen bei Werteorientierten in einem Umfeld, das ihnen respektvoll begegnet und ihre Autorität anerkennt. Ebenso in einem Umfeld, das ihnen Vertrauen, Sicherheit, Berechenbarkeit, Zuverlässigkeit, Ordnung und Solidarität signalisiert.
Werteorientierte versuchen mit Ihrem Verhalten ähnlich wie Analytiker das Gefühl von Vergänglichkeit, Unsicherheit, Wandel und Chaos, vor Unvorhersehbarem, Ungewissheit und Angst, den eigenen hohen Rollenerwartungen nicht gerecht werden zu können, zu vermeiden.

Beispiele von Energielieferanten für Werteorientierte:

- *Vertrauen, Sicherheit, Solidarität*
- *Anerkennung für Engagement und Leistungen*
- *Anerkennung für Wichtigkeit und Bedeutung als Person - gehört und respektiert zu werden*
- *gemäß eigener Überzeugung und Wertehaltung handeln können*
- *Richtlinien, Wertesysteme, Ordnungskriterien, Durchführungsbestimmungen*
- *Respektieren ihrer Meinungen und Ansichten*
- *Zusammenarbeit mit zuverlässigen, loyalen, glaubwürdigen und leistungsorientierten Menschen*

Basis-Grundbedürfnisse als Energiequellen aus dem AKTIVEN PERSÖNLICHKEITS-STIL:

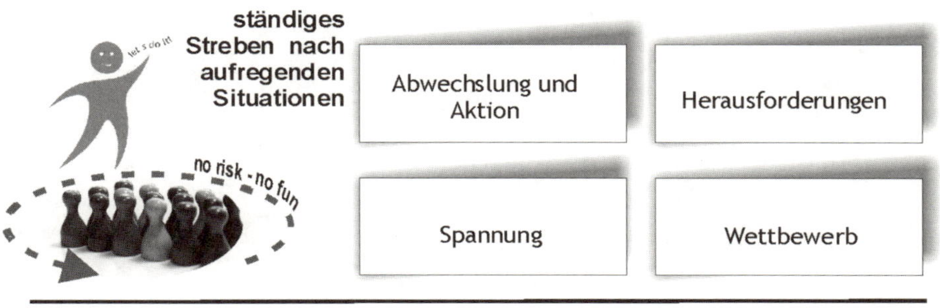

© SIZE Prozess 2006

Energie und Motivation entstehen bei Aktiven vor allem über aufregende Situationen, Aktion und Handlung. Sie schätzen ein selbständiges soziales Umfeld, das Ihrem Streben nach Spannung, Herausforderung, Erlebnishunger, Abwechslung, Abenteuer, Action, neuen Reizen, Aktivität, Impulsivität und Bereitschaft zu Risiko entgegenkommt.

Beispiele für Energielieferanten:

- *Aktion, Spannung, Herausforderung, Abwechslung, immer wieder etwas Neues - es soll ständig „etwas passieren“*
- *schnelle Erfolge und Ergebnisse*
- *Unabhängigkeit, Handlungsvollmacht, Handlungsspielraum*
- *direkte Belohnung und materielle Vorteile*
- *Status, Prestige und Image - als etwas Besonderes oder Einzigartiges gelten*
- *handlungsorientierte Aktivitäten, die zu raschen und unmittelbaren Ergebnissen führen*
- *Zusammenarbeit mit impulsiven Teams oder Gruppen*
- *Projekte, die Tatkraft und Mut erfordern*

Basis-Grundbedürfnisse als Energiequellen aus dem KREATIVEN PERSÖNLICHKEITS-STIL:

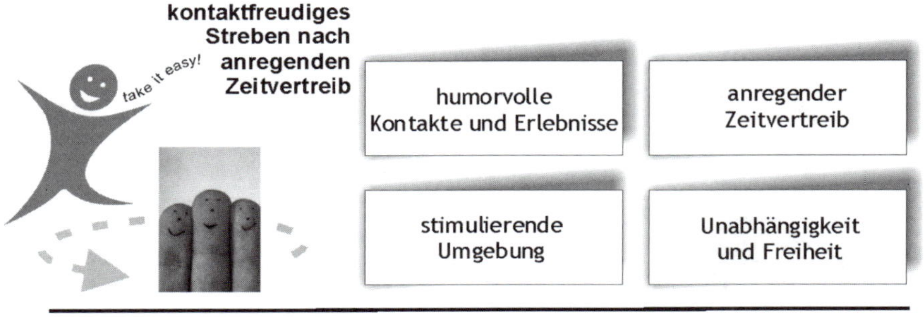

© SIZE Prozess 2006

Energie und Motivation entstehen bei Kreativen in einem Umfeld, das ihnen einerseits Nähe im Sinne von viel Kontakt mit Menschen, andererseits Distanz und Freiheit ermöglicht, um ihr Bedürfnis nach Unabhängigkeit, Spontaneität und Kreativität ausleben zu können.

Sie schätzen ein soziales Umfeld, in dem Sie abwechselnd von Gruppe zu Gruppe - auf der Suche nach lockeren und spielerischen Kontakten - unterwegs sein können. Sie suchen kreative Herausforderungen und wollen im Leben möglichst spontan reagieren können. Sie stehen gerne im Mittelpunkt und brauchen viel Zuwendung.

Beispiele für Energielieferanten:

- *Kontakt mit verschiedenen, unterhaltsamen Menschen - humorvolle Gespräche, ein wenig „Small-Talk“, ein paar Späße*
- *anregende, originelle und kreative Umgebung*
- *Spontaneität - Impulsen nachgeben und darauf reagieren*
- *kreative, abwechslungsreiche Aufgaben und Tätigkeiten*
- *Anerkennung für Neues, Originelles, Ausgefallenes*
- *Zeitvertreib mit witzigen Personen*
- *stimulierende Umgebung*
- *Unabhängigkeit und Freiräume*
- *Möglichkeit, ihr schauspielerisches und kreatives Talent z.B. für humorvolle Präsentationen, Events, Firmenfeste, Großkundenveranstaltungen nutzen zu können*

Basis-Grundbedürfnisse als Energiequellen aus dem RUHIGEN PERSÖNLICHKEITS-STIL:

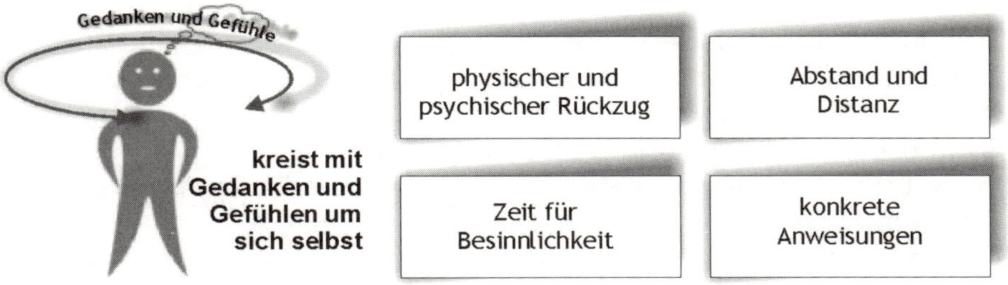

© SIZE Prozess 2006

Energie und Motivation entstehen bei Ruhigen in einem Umfeld, in dem ihnen Abgrenzung, Individualität, Eigenständigkeit und Rückzugsmöglichkeit eingeräumt werden.

Beispiele von Energielieferanten für Ruhige:

- *die Möglichkeit, sich psychisch oder physisch zurückzuziehen*
- *Möglichkeit, im Einklang mit sich selbst zu sein und sich kreativen Tagträumen hingeben zu können*
- *Aufgaben, die wenig Interaktion mit anderen Menschen notwendig machen*
- *die Möglichkeit, Aufgaben mit Ruhe und Abstand zu lösen.*
- *innere Freiheit und Unabhängigkeit*
- *möglichst wenig Erwartung an sie hinsichtlich eines besonders kommunikativen und kontaktfreudigen Verhaltens*
- *Ein Umfeld, das nicht der Versuchung unterliegt, eine enge gefühlsmäßige Bindung oder Beziehung zu ihnen aufbauen zu wollen*

ÜBUNG:
Die erfahrene Führungskraft:

Stellen Sie sich vor, dass Sie in Ihrem Arbeitsalltag irgendeine bestimmte Aufgabe häufig entweder besonders gut oder besonders schlecht durchführen.
Stellen Sie sich dann eine sehr kluge Führungskraft vor, die eine lange Erfahrung bei der Führung der unterschiedlichsten Persönlichkeiten mitbringt.
Lassen Sie dieser erfahrenen Führungskraft nun kreative Maßnahmen dafür finden, entweder zu erreichen, dass Sie die Aufgabe künftig richtig durchführen, oder Sie zu ermuntern, die gute Leistung auch auf andere Aufgaben zu übertragen.

Notieren Sie:

Was müsste diese Führungskraft bei Ihnen tun, damit ihr das gelingt?

Überlegen Sie dann:

Was war die wirksamste Belohnung, die Sie in Ihrem Leben erhalten haben?

Was war rückblickend die kreativste Zuwendung, die Sie bisher empfangen haben?

Wenn Sie an Ihren Alltag denken, auf welche Belohnungen und Sanktionen für andere Menschen sind Sie besonders stolz?

Lernhilfe/Anregung zur Selbstreflexion:

Welche Rahmenbedingungen in unserer Organisation fördern positive Bedürfnisbefriedigung und bringen damit Energie und Effektivität?

Gibt es in unserer Organisation die Möglichkeit, sich über die eigenen Bedürfnisse und Ziele auszutauschen?

Gibt es in unserem Unternehmen die Grundhaltung von gegenseitigem Vertrauen und wechselseitiger Akzeptanz?

Werden in unserer Organisation Bedürfnisse und Motive des und der anderen ernst genommen und anerkannt?

Zusammenfassung für Schnellleser

Unterliegen Sie nicht der Versuchung, andere so zu behandeln, wie Sie selbst - im Hinblick auf Ihre Grundbedürfnisse - behandelt werden möchten. Behandeln Sie andere Menschen individuell, und betrachten Sie jeden Menschen als einzigartig. Finden Sie heraus, was deren Grundbedürfnisse sind und was sie motiviert.

Bedenken Sie, dass viele negative Verhaltensweisen von Menschen lediglich das Symptom von nicht positiv befriedigten psychologischen Bedürfnissen sind. Versuchen Sie daher nicht, das Symptom zu behandeln - z.B. jemanden, der zu wenig delegiert, das wiederholte Seminar zu diesem Thema anzubieten, sondern das unbefriedigte Bedürfnis dahinter zu erkennen, möglicherweise mangelnde Anerkennung für Leistung.

Sorgen Sie für ein Klima, das geprägt ist von Offenheit und Gleichheit für individuelle Bedürfnisse und Ziele von Menschen in Ihrer Organisation.

Arbeiten Sie in Ihrer Organisation an einer Grundhaltung von gegenseitigem Vertrauen und wechselseitiger Akzeptanz.

Schaffen Sie ein Klima, in dem individuelle Bedürfnisse und Motive ernst genommen und anerkannt werden. Sie schaffen damit die Voraussetzung für Effektivität und Produktivität.

Arbeitszufriedenheit

Arbeitszufriedenheit als Basis für Unternehmenserfolge

Vor einiger Zeit traf ich mich zu einer Besprechung mit der Ressortleiterin einer großen Dienstleistungsgesellschaft. Schon am Telefon kündigte Sie an, dass wir die Besprechung in der Cafeteria des Hauses durchführen müssten, da Sie mit ihren Kollegen in ein Großraumbüro übersiedelt sei. Später lud sie mich ein, das neue Büro zu besichtigen und erzählte mir verzweifelt, wie unglücklich sie über die derzeitige Situation ist. Mindestens 50 Personen sind in diesem Großraumbüro untergebracht. Kein Platz, um Besuchern einen Stuhl anzubieten. Ein hoher Geräuschpegel durch die vielen Telefonate, die gleichzeitig geführt werden. Sitzt man am Computer, um seine Arbeit gewissenhaft zu erledigen, kann es passieren, dass andere Personen dauernd über die Schultern schauen und vielleicht ungebetene Verbesserungsvorschläge zum Besten geben. Sie berichtet, dass vom Vorgesetzten die Qualität der eigenen Arbeit nicht wahrgenommen wird und sich alles ausschließlich um Gewinnoptimierung und Umsatzsteigerung dreht. Ihren Ausführungen ist die Unzufriedenheit mit der derzeitigen Situation deutlich anzumerken.

Warum ist Arbeitszufriedenheit wichtig?

Viele Experten argumentieren, dass es - unabhängig von der Branche - nur einen Weg gibt, um dauerhaft Gewinne zu erwirtschaften: ein Arbeitsumfeld zu schaffen, in dem talentierte Mitarbeiter gewonnen, gehalten und zur Entfaltung gebracht werden können. Und, die größte Zahl der Führungskräfte weiß, im Zusammenhang mit der eigenen Wettbewerbsfähigkeit, dass die wichtigste Ressource - das Humankapital - für den Unternehmenserfolg verantwortlich ist und daher gehalten werden muss. Sie haben eine Reihe motivationaler

Anreizsysteme geschaffen um dieses Ziel zu erreichen. Allerdings stellt sich die Frage: Funktionieren diese Anreizsysteme (***im Sinne von materiellen und immateriellen Anreizen, die zu einem bestimmten Mitarbeiterverhalten führen sollen***) tatsächlich? Welche Nebenwirkungen haben sie (z.B. werden damit nicht häufig Situationen etabliert, die vor allem konkurrierendes Einzelkämpfertum fördern)? Ist es damit wirklich möglich, talentierte Mitarbeiter mit Potenzial anzuziehen und dauerhaft an das Unternehmen zu binden?

Die Kernfrage: Wie kann in Zeiten kontinuierlicher Veränderung Motivation und Arbeitszufriedenheit geschaffen, aufrechterhalten und gefördert werden?

In Studien wurden über einen längeren Zeitraum viele Arbeitnehmer genau zu diesem Thema befragt. Es wurden dabei unterschiedlicher Fragen zum Thema Arbeitsplatz und Arbeitszufriedenheit vorgelegt. Das Ziel war, die Kernelemente herauszufinden, mit denen sich die Qualität eines starken, vitalen Arbeitsplatzes wirklich messen lassen.

Für Überraschung sorgten die Ergebnisse, dass nämlich Faktoren wie Gehalt, Sozialleistungen, Organisationsstrukturen, Statussymbole oder charismatische Führung für die Zufriedenheit am Arbeitsplatz zwar nicht unwichtig sind, aber keinen so hohen Stellenwert haben wie andere Faktoren. Man kann diese Faktoren mit der Einstrittskarte zu einem Fußballspiel vergleichen: Sie ermöglichen, dabei zu sein, aber nicht, um zu gewinnen! Am Ende der Studie blieben nachstehende Kernpunkte für Arbeitszufriedenheit übrig:

- Wissen, was am Arbeitsplatz konkret erwartet wird
- Arbeitsmittel, Materialien und Werkzeuge, die notwendig sind, um die Arbeit richtig zu machen, stehen zur Verfügung
- die Gelegenheit zu haben, das zu tun, was man am besten kann
- regelmäßiges Lob und Anerkennung für gute Arbeit

- Beachtung als Mensch
- Unterstützung und Förderung der eigenen beruflichen Entwicklung
- Anerkennung und Respekt für die eigenen Meinungen und Ansichten
- Wissen, dass die Arbeitsergebnisse für die Ziele und Philosophie des Unternehmens wichtig sind
- Kollegen, die das gleiche Ziel haben, nämlich gemeinsame Arbeit mit hoher Qualität zu leisten
- Harmonische Beziehungen, Freunde und eine angenehme Atmosphäre im Unternehmen
- Leistungsfortschritte werden beachtet und besprochen
- Gelegenheit, Neues zu lernen und sich weiterzuentwickeln

Nun, Sie haben bereits Bilder und Ideen dafür erhalten, welche psychologischen Grundbedürfnisse bei den sechs SIZE Prozess Persönlichkeits-Stilen für Energie und Motivation verantwortlich sind. Besonders interessant wird es nun, wenn man diese individuellen Grundbedürfnisse in Verbindung mit dieser Studie bringt.

Es wird rasch deutlich, dass es nicht ausreicht, die unzufrieden machenden Faktoren in einer Organisation zu beseitigen. Das deckt sich auch mit den Aussagen der ***„Zwei-Faktoren-Theorie“ des*** Arbeitswissenschaftlers und klinischen Psychologen Frederick Herzberg. Zufriedenheit ist nicht, wenn Gründe für Unzufriedenheit nicht mehr vorliegen! Herzberg meinte, Zufriedenheit stellt sich erst ein, wenn geeignete Motivatoren vorhanden sind, die Interesse und Lust an der Arbeit fördern.
Dabei zeigt sich: Motivation und Arbeitszufriedenheit nach dem Gießkannen-Prinzip ist nicht möglich. Jeder Mensch braucht entsprechend seiner speziellen Bedürfnisse und Motive individuelle Faktoren für seine Arbeitszufriedenheit.

Daraus ergibt sich die Chance für Führungskräfte, ihre Mitarbeiter gut zu kennen, Vertrauen in ihre Unterschiedlichkeit zu entwickeln, ihre Fähigkeiten und Unterschiede zu nutzen und individuell zu hohen Leistungen zu führen. Die Chance für das Management einer Organisation besteht darin, Strukturen und Prozesse zu etablieren, die zu Motivation, Arbeitszufriedenheit und individueller und kollektiver Leistungserbringung beitragen.

Dazu ist es erforderlich, dass Mitarbeiter die eigene Persönlichkeit - im Zusammenhang mit ihren individuellen Bedürfnissen - kennen und eigenverantwortlich dazu beitragen, dass sie ausreichend befriedigt werden und damit ausreichend Energie für Leistung vorhanden ist.

Für die Arbeitszufriedenheit der sechs Persönlichkeiten können wir feststellen, dass die ersten drei Bereiche für alle Persönlichkeits-Stile gelten: Das sind die ***Basis-Motivatoren***, die vorhanden sein müssen, damit die anderen überhaupt wirken können. Sind diese drei grundlegenden Faktoren für Arbeitszufriedenheit nicht erfüllt, gibt es wenig Sinn, sich um die anderen neun Faktoren zu kümmern.

1. ***Wissen, was am Arbeitsplatz konkret erwartet wird,***
2. ***ausreichend Arbeitsmittel, Materialien und Werkzeuge, die notwendig sind, um die Arbeit richtig zu machen,***
3. ***jeden Tag die Gelegenheit haben, das zu tun, was man am besten kann.***

Wissen, was in meinem Job konkret von mir erwartet wird?

Eigentlich eine *„Binsenwahrheit"* möchte man annehmen. Und dennoch ist es häufig nicht so, dass alle Mitarbeiter wirklich wissen, was von ihnen konkret erwartet wird. Unklare Vorgaben, wenig Feedback darüber, was wirklich verstanden wurde, häufig wechselnde Ziele und Zielvorgaben und anderes führen dazu, dass häufig unklar ist, was wirklich am Arbeitsplatz erwartet wird. Das Wissen darüber, was von einem erwartet wird, ist ein Basisfaktor für die Arbeitszufriedenheit.

Jene Arbeitsmittel und Ressourcen stehen zur Verfügung, die notwendig sind, um die Arbeit richtig zu machen

Fehlende Werkzeuge, minderwertiges Material, ungeeignete Arbeitsmittel, sowie fehlende Zeitressourcen können beispielsweise Demotivationsfaktoren sein.

Die Mitarbeiter benötigen sowohl jene Ressourcen wie z.B. Zeit, Personal als auch Werkzeuge, die notwendig sind, die Arbeit gut, richtig und qualitativ hochwertig zu erledigen. Sparen an diesen Arbeitsmitteln, Materialen und Werkzeugen mag vielleicht kurzfristig richtig erscheinen - auf Dauer werden sie aber wenig motivationsfördernd sein.

Jeden Tag die Gelegenheit haben, das zu tun, was man am besten kann.

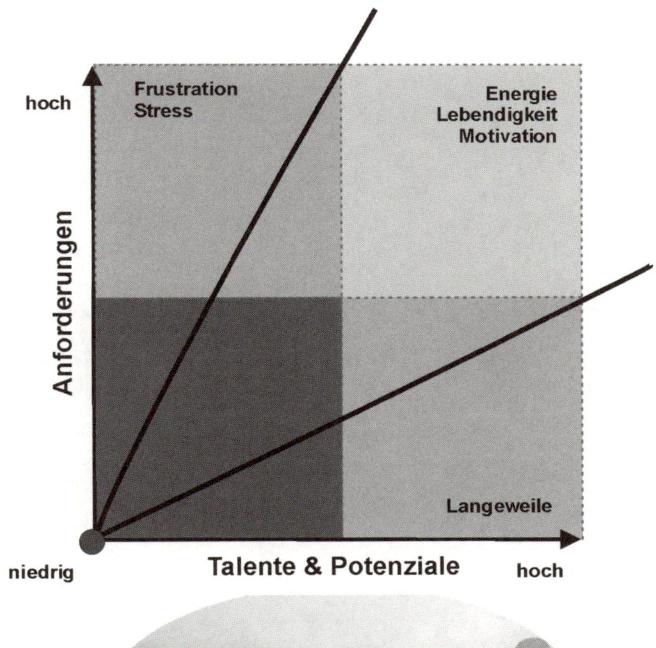

In Anlehnung an Mihaly Csikszentmihalyi

Wir Menschen werden motiviert und sind mit unseren Tätigkeiten dann zufrieden, wenn wir immer wieder das tun können, was wir am besten können und was unseren Talenten und Begabungen entspricht. Eigentlich klar: Es verschafft uns Erfolgserlebnisse! Die dritte Basis für Arbeitszufriedenheit ist also, entsprechend den eigenen Talenten und Fähigkeiten arbeiten zu können.

Zusätzlich zu diesen drei Basisfaktoren haben die sechs SIZE Prozess Persönlichkeits-Stile unterschiedliche Grundbedürfnisse, die zu ihrer Arbeitszufriedenheit beitragen. Nicht jeder dieser Faktoren ist zu jeder Zeit gleich wichtig und wirksam. Als „Landkarte" für eigene Arbeitszufriedenheit und die Etablierung von Strukturen und Prozessen, die zu Motivation, Arbeitszufriedenheit und individueller und kollektiver Leistungserbringung beitragen, sind sie ganz wesentlich.

Arbeitsplatz-Qualitätskriterien für Personen mit dominierenden einfühlsamen Persönlichkeits-Stil:

Sind die Basis-Motivatoren (siehe S 112) ausreichend erfüllt, gewinnen nachstehende Motivatoren an Bedeutung:

Bekomme ich menschliche Anerkennung?

Werde ich dabei unterstützt, meine Stärken als Einfühlsame/r zu entwickeln?

Habe ich das Gefühl von Zugehörigkeit in der Gruppe oder im Team?

Habe ich das Gefühl, dass meine Arbeit für das Unternehmen wichtig ist?

Finde ich im Unternehmen harmonische Arbeitsbeziehungen?

Ist meine Arbeitsumgebung für mich auf positive Weise anregend?

Arbeitsplatz-Qualitätskriterien für Personen mit dominierenden analytischen Persönlichkeits-Stil:

Sind die Basis-Motivatoren (siehe S 112) ausreichend erfüllt, gewinnen nachstehende Motivatoren an Bedeutung:

Bekomme ich für meine Leistung regelmäßig Anerkennung?

Habe ich die Möglichkeit, meine Stärken als Analytiker/in weiter zu entwickeln?

Kann ich meine (Arbeits-)Zeit gezielt und organisiert einsetzen?

Denke ich, dass meine Arbeit wichtig für das Unternehmen ist?

Ist meine Arbeitsumgebung ausreichend leistungsorientiert?

Wird mit mir regelmäßig über meine Kompetenz und meine Leistungsfortschritte gesprochen?

Habe ich Gelegenheit, meinen Wissensdurst und mein Streben nach ständiger Kompetenzerweiterung zu stillen?

Arbeitsplatz-Qualitätskriterien für Personen mit dominierenden werteorientierten Persönlichkeits-Stil:

Sind die Basis-Motivatoren (siehe S 112) ausreichend erfüllt, gewinnen nachstehende Motivatoren an Bedeutung:

Weiß ich, was von mir erwartet wird?

Habe ich die notwendigen Arbeitsmittel und Materialien zur Zielerfüllung?

Kann ich das tun, was ich am besten kann?

Bekomme ich Anerkennung für meine Leistung und mein Engagement?

Habe ich die Möglichkeit, meine Stärken als Werteorientierte/r einzubringen und zu entwickeln?

Haben meine Werte, Meinungen und Ansichten Gewicht in meiner Arbeitsumgebung?

Werden meine Leistung, mein Wert und mein Engagement wichtig und wertvoll für das Unternehmen anerkannt?

Habe ich in meiner Funktion/Aufgabe ausreichend Möglichkeiten und Einfluss?

Genieße ich ausreichend Vertrauen und Loyalität?

Arbeitsplatz-Qualitätskriterien für Personen mit dominierenden kreativen Persönlichkeits-Stil:

Sind die Basis-Motivatoren (siehe S 112) ausreichend erfüllt, gewinnen nachstehende Motivatoren an Bedeutung:

Weiß ich, was von mir erwartet wird?

Habe ich die notwendigen Arbeitsmittel und Materialien zur Zielerfüllung?

Kann ich das tun, was mir am meisten Spaß macht?

Habe ich abwechslungsreichen, interessanten Kontakt mit anderen Menschen?

Habe ich ausreichend Möglichkeit, und Gelegenheit, meine kreativen Talente zu entwickeln?

Habe ich ausreichend Freiraum und Spaß in meinem Arbeitsfeld?

Wird meine kreative Leistung als wichtig für das Unternehmen anerkannt?

Habe ich gute Freunde (Kumpels) und humorvolle Kontakte im Unternehmen?

Kann ich meine kreativen Potentiale in diesem Unternehmen weiterentwickeln?

Arbeitsplatz-Qualitätskriterien für Personen mit dominierenden aktiven Persönlichkeits-Stil:

Sind die Basis-Motivatoren (siehe S 112) ausreichend erfüllt, gewinnen nachstehende Motivatoren an Bedeutung:

Weiß ich, was von mir erwartet wird?

Habe ich die notwendigen Arbeitsmittel und Materialien zur Zielerfüllung?

Kann ich das tun, was ich am besten kann?

Ermöglicht mir mein Arbeitsbereich viele Aktivitäten und Herausforderungen?

Ermöglicht mir mein Arbeitsbereich viel Abwechslung, neue Reize und ein gewisses Risiko?

Habe ich genügend Freiheiten und bin weitgehend ungebunden?

Habe ich die Möglichkeit, meine großen Ideen rasch umzusetzen?

Nimmt mir das Umfeld lästige „Kleinarbeit" ab?

Genieße ich gebührenden Status und ausreichend Beachtung?

Gibt es künftig ausreichend Herausforderungen, Neues und Aufregendes, das mich täglich stimuliert?

Arbeitsplatz-Qualitätskriterien für Personen mit dominierenden ruhigen Persönlichkeits-Stil:

Sind die Basis-Motivatoren (siehe S 112) ausreichend erfüllt, gewinnen nachstehende Motivatoren an Bedeutung:

Weiß ich, was von mir erwartet wird?

Habe ich die notwendigen Arbeitsmittel und Materialien zur Zielerfüllung?

Kann ich das tun, was ich am besten kann?

Habe ich einen Aufgabenbereich, der von mir eher wenig zwischenmenschlichen Kontakt erfordert?

Kann ich meine Stärken als Ruhige/r entwickeln?

Werden meine Vorstellungen, Visionen und Ideen wahrgenommen und beachtet?

Erhalte ich ein ausreichendes Maß an Führung?

Ist meine Arbeit wichtig für das Unternehmen?

Kann ich mich zugehörig fühlen, ohne dass mir andere Menschen zu nahe kommen?

Stärken, Begabungen & Talente

Stärken eines jeden Einzelnen erkennen und nutzen!

Langzeitstudien haben sich mit der Frage beschäftigt: Was machen Weltklasse-Führungskräfte anders? Bei einer Befragung von zehntausenden ausgezeichneter Manager kamen alle auf eine einfache Formel zusammengefasst zu folgender Erkenntnisformel:

„Menschen sind kaum veränderbar!"

Daher ist es nicht sinnvoll, die Zeit damit zu verschwenden. Erfolgversprechender ist der Versuch, aus Mitarbeitern das herauszuholen, was in ihnen steckt, denn das ist ohnehin Herausforderung genug!

Es stimmt, unterschiedliche Persönlichkeiten besitzen unterschiedliche Stärken und Begabungen. Werden sie nachhaltig produktiv genutzt, können sie als Talente bezeichnet werden. Dabei handelt es sich um nachhaltige Denk-, Gefühls- und Verhaltenmuster, die von unterschiedlichen Persönlichkeiten nachhaltig eingesetzt werden können. Wenn jemand aus einer inneren Motivation heraus wissbegierig ist, ist das ebenso ein Talent, wie wenn jemand verantwortungsbewusst oder charmant ist. Jedes nachhaltige Denk-, Gefühls-

oder Verhaltensmuster kann dann als Talent bezeichnet werden, wenn es von einer Person effektiv eingesetzt werden kann.

Scheinbare Schwächen einer Persönlichkeit können zum Talent werden, wenn sie produktiv eingesetzt werden. So kann Starrsinn zu einem Talent werden, wenn es um eine Aufgabe geht, bei der Beharrlichkeit und Ausdauer gefragt ist.

Stärken und Begabungen werden bereits von Kindheit an entwickelt und als Talente eingesetzt. Sie sind im späteren Leben nicht beliebig reproduzierbar. Täglich werden Unsummen in der Personalentwicklung für den Versuch ausgegeben, Mitarbeitern mehr Einfühlungsvermögen oder mehr analytisches Denken anzutrainieren.

Die unterschiedlichen Stärken und Begabungen der Persönlichkeits-Stile:

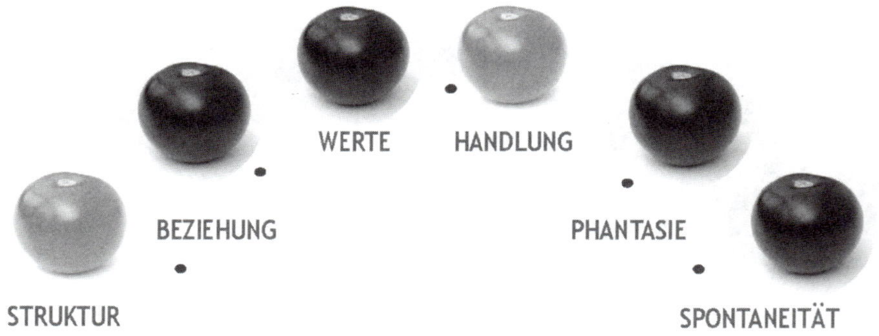

Das Aufwachsen in einer bestimmten sozialen Umgebung führt zur Ausprägung bestimmter Persönlichkeits-Stile. Es ist ein Lernprozess (oder Überlebensprozess), in dem das Kleinkind kindliche Rückschlüsse zieht, wie es sich an die soziale Umgebung anpassen muss, um seine zentralen Bedürfnisse befriedigt zu bekommen und wie zentrale Bedrohungen/Angst ausbleiben.
Es kann sein, dass ein Kind in einem spezifischen Bereich (z.B. dem Handeln) besonders gefördert wird oder seine natürlichen Anlagen optimal entfalten kann. Es kann auch sein, dass dem Kind eine bestimmte Rolle (z.B. der Denker) in einem Familiensystem zugeschrieben wird, während einem anderen Familienmitglied eher die Rolle des Handelnden (*„er packt an“*) oder Fühlenden (*„sie kümmert sich um andere“*) zukommt. Häufig ist beobachtbar, dass in größeren Familien alle Typen relativ gleichmäßig verteilt sind. Je-

des neu dazukommende Familienmitglied kann die noch unbesetzten Teile übernehmen.

Es ist auch anzunehmen, dass vorhandenen genetischen Faktoren eine besondere Bedeutung zukommt. Oder aber, es ist eine Mischung aus den zuvor beschriebenen, verschiedenen Möglichkeiten.

Im Alltag sind die besonderen Talente an den ***spontanen Reaktionen*** und individuellen Zugängen zu Aufgaben und Problemlösungen erkennbar. Sie stehen in engem Zusammenhang mit den dominierenden Persönlichkeits-Stilen. Jeder dieser Persönlichkeits-Stile hat seine bevorzugte Art (siehe Wahrnehmungsbrillen), mit der er selektiv Situationen wahrnimmt und eine Bandbreite an Talenten zur Verfügung, mit denen auf Situationen reagiert werden kann.

Typische Stärken, Begabungen und Talente aus dem einfühlsamen Persönlichkeits-Stil:

- *gut auf andere Menschen zugehen können*
- *Sympathie erzeugen können*
- *anderen Personen das Gefühl geben, liebenswert zu sein*
- *spontan in Gefühlsäußerungen sein*
- *lebendig und aufgeschlossen sein*
- *für Wohlbefinden und eine gute Atmosphäre sorgen können*
- *fürsorglich und warmherzig sein*
- *sich in andere Personen hineinfühlen (Empathie)*
- *Beziehungen aufbauen und erhalten*
- *Gefühle und Empfindungen gut mitteilen können*
- *Lösungen für Aufgaben und Probleme erfühlen*

Wie können Talente aus dem einfühlsamen Persönlichkeits-Stil im Alltag sichtbar werden?

Beziehung, Freundschaft, Harmonie, Wohlbefinden und eine gute Atmosphäre sind Kennzeichen für die Talente von Einfühlsamen. Die Person des Gegenübers ist im Vordergrund. Lernen sie Menschen kennen, streben sie eine Vertiefung der Beziehung an. Sie möchten Menschen nicht nur oberflächlich kennen und bieten im Gegenzug ebenso einen tieferen Einblick in ihr Leben an. Sie engagieren sich für die Bedürfnisse des Gegenübers und erwarten von ihnen die gleiche Einstellung.

Wo kommen Talente aus dem einfühlsamen Persönlichkeits-Stil zur Geltung:

Vor allem dort, wo es um Beziehungen, Dienstleistung, Einfühlsamkeit, psychologische Bedürfnisse, Menschlichkeit, Fürsorglichkeit und soziale Kontakte geht.

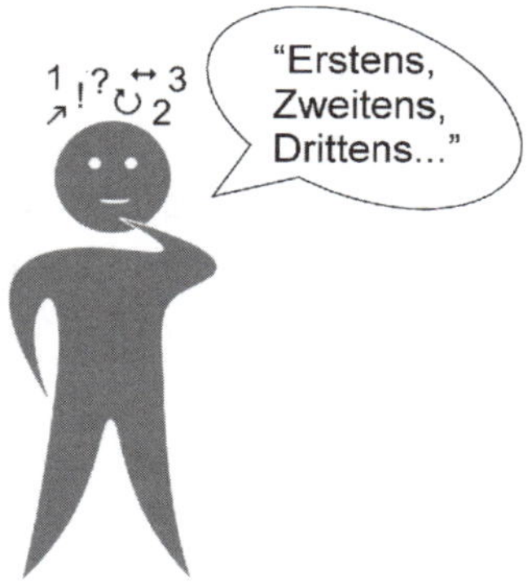

Typische Stärken, Begabungen und Talente aus dem analytischen Persönlichkeits-Stil:

- *Aufgaben und Probleme logisch und mit System lösen*
- *Daten und Fakten sammeln, analysieren und Prognosen erstellen*
- *an Aufgaben strukturiert und mit Präzision herangehen*
- *Projekte gut planen, organisieren und Abläufe steuern*
- *gewissenhaft, zuverlässig, verantwortungsbewusst und pflichtbewusst sein*
- *zielstrebig und wissbegierig sein*
- *objektiv und unvoreingenommen beobachten*
- *logisch denken*
- *Prozesse und Abläufe optimieren*

Wie können Talente aus dem analytischen Persönlichkeits-Stil im Alltag sichtbar werden?

Mit ihrer unerbittlichen Logik können sie für ihre Umgebung manchmal eine echte Herausforderung sein. *„Zuerst denken - dann handeln“* ist ihr Motto. Sie wirken im Kontakt eher nüchtern und zeigen vor allem Interesse an der Kompetenz ihres Gegenübers. Ihr Talent ist es, Aufgaben vor allem als logische Herausforderungen zu sehen, die mit System und einer gründlichen Analyse zu schaffen sind. Sie sind Anhänger von Daten und Fakten, da sie genau so neutral und unparteiisch sind wie sie selbst. Ausgerüstet mit diesen Daten machen sie sich auf die Suche nach zusammenhängenden Mustern und Strukturen. Sie konfrontieren in ihrem Streben nach Information ihre Umwelt mit vielen Fragen.

Wo können Talente aus dem analytischen Persönlichkeits-Stil zur Geltung kommen?

Dort wo es um Genauigkeit, Planung, Organisation, Struktur, Analyse und logisches Denken geht.

Typische Stärken, Begabungen und Talente aus dem werteorientierten Persönlichkeits-Stil:

- *anderen das Gefühl von Sicherheit und Vertrauen vermitteln*
- *Wachsamkeit und Beobachtungsgabe*
- *gründlich und ausdauernd*
- *für Beständigkeit und Kontinuität sorgen*
- *an Dingen festhalten, die sich als zweckdienlich erwiesen haben*

- *sich mit ganzer Kraft für Dinge und Ziele einsetzen, an die Sie glauben*
- *Situationen gut mit ihren Erfahrungen beurteilen zu können*
- *eigene Standpunkte gut vertreten und argumentieren können, von denen Sie selbst überzeugt sind*

Wie können Talente aus dem werteorientierten Persönlichkeits-Stil im Alltag sichtbar werden?

Ihr Talent wird vor allem in ihrer Gewissenhaftigkeit, Gründlichkeit und Beharrlichkeit bei der Lösung von Aufgaben und Problemlösungen sichtbar. Aufgrund ihrer natürlichen Autorität sind sie bereit, Verantwortung zu übernehmen. Andere Personen konfrontieren sie häufig mit ihren Meinungen und Ansichten und lassen zumeist nicht eher locker, ehe sie nicht ihre gesamte Umgebung darauf eingeschworen haben. Eines ihrer Mottos ist: *„Vorsicht ist besser als Nachsicht!"* Sie gehen davon aus, dass die Welt unberechenbar ist und sie wittern drohendes Unheil, das in vielen Situationen lauert. Bei Entscheidungen und bei der Auswahl von Menschen, denen sie vertrauen, lassen sie Sorgfalt walten und verlassen sich im Zweifelsfall lieber auf ihre eigene Meinung.

Wo können Talente aus dem werteorientierten Persönlichkeits-Stil zur Geltung kommen?

Vor allem dort, wo es um aufmerksames Bobachten, Ausdauer, Beharrlichkeit, Beobachtungsfähigkeit, Engagement, Erfahrung, Gründlichkeit, Gewissenhaftigkeit, Sicherheit, Wertevermittlung, Verantwortung und Verlässlichkeit geht.

Typische Stärken, Begabungen und Talente aus dem aktiven Persönlichkeits-Stil:

- *Dinge rasch in Gang bringen und andere zum aktiven Handeln motivieren*
- *erfolgsorientiert den Wettbewerb mit anderen suchen*
- *schnelle Lösungen und rasch Erfolg erreichen*
- *charmant und flexibel zu sein, um ihre Ziele zu erreichen*
- *Impulsivität, Mut und Risikobereitschaft*
- *gut für sich selbst sorgen*
- *andere von ihren Ideen begeistern*
- *ein Beziehungsnetzwerk mit Personen aufbauen, denen sie Arbeiten delegieren können*
- *Ziele setzen und unternehmerische Handlungen und Gewinnorientierung konsequent danach ausrichten*
- *Beziehungen für ihre Ziele nutzen*
- *sich durchsetzen und Widerstände durch die Mobilisierung von Emotionen überwinden*

Wie können Talente aus dem aktiven Persönlichkeits-Stil im Alltag sichtbar werden?

„Wann können wir loslegen?" ist ihre Devise. Diese Frage zieht sich wie ein roter Faden durch ihr Leben. Sie bestreiten nicht, dass analytisches und organisiertes Vorgehen ihr Gutes haben, dennoch packen sie lieber rasch zu, denn in ihrem Innersten sind sie zutiefst überzeugt, dass nur durch konkretes und rasches Handeln Erfolg sichergestellt werden kann. Sie sind überzeugt, dass sie nur an ihren erzielten Ergebnissen gemessen werden, und nicht an kunstvollen, theoretischen Modellen, die sie produzieren. Ihre Talente werden vor allem an ihrer unnachahmlichen Begabung sichtbar, sich flexibel, anpassungsfähig und überzeugend zu zeigen. Diese Anpassungsfähigkeit ermöglicht ihnen, auf das Gebot der Stunde mit einem hohen Maß an Flexibilität, zu reagieren. Das kann auch dazu führen, dass sie manchmal von ihren ursprünglichen Plänen abrupt abrücken. Sie sind in der Lage, auf völlig unerwartete Gelegenheiten rasch zu reagieren - und das zumeist zu ihrem eigenen Gewinn.

Wo können Talente aus dem aktiven Persönlichkeits-Stil zur **Geltung kommen?**

Vor allem dort, wo es um Aktion, Elan, Handlungsorientierung, Herausforderungen, Kontaktfreudigkeit, Lebendigkeit, rasche Gewinne und Ergebnisse, Unternehmungslust, Risikobereitschaft oder um Agieren in Branchen mit raschem Wachstum geht.

Typische Stärken, Begabungen und Talente aus dem kreativen Persönlichkeits-Stil:

- *lockere und humorvolle Art, Kontakte herstellen*
- *an Aufgaben und Problemlösungen spielerisch und kreativ herangehen*
- *ausgefallene und originelle Ideen*
- *bei Problemen und Aufgaben innovative „Querdenker“ sein*
- *andere gut unterhalten und für gute Stimmung sorgen*
- *Spontaneität und Begeisterungsfähigkeit*
- *Wandel, Veränderung und die Bereitschaft, Vertrautes wie Gewohntes aufzugeben*

Wie können Talente aus dem kreativen Persönlichkeits-Stil im **Alltag sichtbar werden?**

Ihr Talent wird zunächst in ihrer besonderen Fähigkeit sichtbar, auf unbekannte Menschen zuzugehen und deren Sympathie im Handum-

drehen zu gewinnen. Nur selten fehlen ihnen die Worte, um mit Menschen in Kontakt zu kommen. Es locken sie neue Umgebungen und Gruppen, unter die sie sich mischen müssen. Ihr Talent wird vor allem auch in ihrem spielerischen, lockeren und spontanen Verhalten sichtbar. Ebenso in ihrer Lebendigkeit und ihren kreativen Fähigkeiten. Sie sind ausgezeichnete Selbstdarsteller, dramatisch, theatralisch, sinnlich mit einem Hang zu Wechselbädern der Gefühle - für sich und andere.
Oft auch mit künstlerischen Talenten ausgestattet, besitzen sie die Fähigkeit zu ausgefallenen, originellen und neuen Lösungen. Häufig sind sie innovative „Querdenker", die an bestehenden Konfigurationen und Denkweisen „rütteln" und damit bestehende festgefahrene Strukturen und Denkweisen aufbrechen.

Wo können Talente aus dem kreativen Persönlichkeits-Stil zur Geltung kommen?

Vor allem dort, wo es um Kontakt mit verschiedenen Menschen, Humor, Kreativität, Originalität, Spontaneität und Verspieltheit geht.

Typische Stärken, Begabungen und Talente aus dem ruhigen Persönlichkeits-Stil:

- *zurückgezogen alleine an Aufgaben arbeiten, die ihnen zugewiesen wurden*
- *anderen viel „Raum" und Freiheit lassen*
- *auf Äußerlichkeiten verzichten*
- *Aufgaben mit Ruhe und Abstand lösen*
- *Lösungen konstruieren, die sie sich vor ihrem „inneren Auge" gegenständlich vorstellen*

- *gut über einen längeren Zeitraum alleine sein und alleine arbeiten*
- *aus zusammenhängenden Informationen zusammengehörige Strukturen herauslesen oder selbst entwickeln*
- *Ideen und Konzepte austüfteln und Dinge weiterentwickeln und optimieren*
- *einer scharfe Beobachtungsgabe und einen kritischen Blick für Tatsachen*

Wie können Talente aus dem ruhigen Persönlichkeits-Stil im Alltag sichtbar werden?

Ihr Talent zeigt sich in der Vorliebe fürs Nachdenken. Sie können ihre geistigen Aktivitäten still und zurückgezogen auf ein bestimmtes Ziel richten, wie z.B. auf die Lösung eines Problems, auf die Entwicklung einer bestimmten Idee oder auf das Verstehen von anderen Menschen. Womit ihr Verstand beschäftig ist, hängt von ihren übrigen Fähigkeiten ab. Es kann aber auch sein, dass die geistigen Aktivitäten gar nicht zielgerichtet sind, und mit „Tagträumen“ beschäftigt sind. Am liebsten leisten sie sich selbst Gesellschaft, weil sie dann die Möglichkeit haben, ungestört in sich selbst hineinzuhorchen und ihren Gedanken nachzugehen. Sie schätzen das Alleinsein, denn sowohl ihre Fragen, als auch die Antworten kommen aus ihrem Innersten.

Wo können Talente aus dem ruhigen Persönlichkeits-Stil zur Geltung kommen?

Vor allem dort, wo es um theoretisch abstrakte Aufgaben geht, in denen Beobachtungsgabe und kühle Sachlichkeit gefragt sind. Ebenso sachliche oder handwerkliche Aufgaben, die wenig Interaktion mit anderen Menschen erfordern.

Stärken und Begabungen nutzen und zur Entfaltung bringen:

Erfolgreiche Führungskräfte vertrauen in die Unterschiedlichkeit der Mitarbeiter, sowie in ihre mannigfachen Stärken und Begabungen. Sie sind in der Lage, diese Unterschiede zu nutzen und zu hohen Leistungen zu führen.

Zu dieser Erkenntnis kommen nicht nur Langzeitstudien, sondern bereits der britische Polarforscher Shakleton. Er kehrte 1914 mit 27 Personen (nach dem Untergang seines Schiffes Endurance) nach fast zweijährigem Überlebenskampf - unter härtesten klimatischen Bedingungen im antarktischen Polareis - körperlich gesund und emotional stabil nach Hause zurück. Es war seiner Führungskunst zu verdanken, dass das möglich war. Er verteilte, unter anderem, seine Aufgaben unter seiner Mannschaft so, dass sie zu den Fähigkeiten der Persönlichkeit des betreffenden Mannes passten.

Zugänge zu Aufgaben und Problemlösungen

Wahrnehmungsbrillen beeinflussen spontane Zugänge zu Aufgaben und Problemlösungen

Anna und Katja wollen ein Handy:

Anna (12 Jahre) und Katja (9 Jahre) haben im Moment nur einen Wunsch - ein Handy. Mama und Papa waren bisher nicht bereit, dem Drängen ihrer Töchter nachzugeben. Eines Tages erscheint Anna mit einem undurchschaubaren Lächeln zum Frühstück, in der Hand ein Blatt Papier und meint: „Mama, Papa, ich muss mit euch reden!“ Es stellt sich heraus, dass Anna mit den Eltern Verhandlungen über das gewünschte Handy führen will.

Da ihre Versuche, dieses Ziel zu erreichen, bisher nicht erfolgreich waren, hatte sie sich am Abend des Vortages hingesetzt und eine Liste mit Argumenten angefertigt, die aus ihrer Sicht für ein Handy sprechen. Mit dieser Liste kreuzt sie nun bei ihren Eltern auf und konfrontiert sie damit. Die meisten Argumente sind logisch und gut durchdacht. Sie zeigen nicht nur auf, wie wichtig es (aus ihrer Sicht) für ein Mädchen in ihrem Alter ist, ein Handy zu besitzen, sondern sie weisen auch auf die dramatischen Gefahren hin, die es gibt, wenn es nicht ständig griffbereit in der Nähe liegt.

Den Eltern fällt es gar nicht so leicht, die meisten Argumente zu entkräften. Gegen eines hat die Mutter jedoch einen gewichtigen Einwand. Doch damit kann sie Anna nicht erschüttern. Die dreht lächelnd den Zettel um und meint nur: „Damit habe ich gerechnet, Mama, aber da habe ich auch etwas aufgeschrieben“, und trägt nun ein Argument vor, das exakt auf den Einwand der verdutzten Mama abgestimmt ist.
Auch Katja meldet nun in dieser Diskussion ihre Handy-Bedürfnisse an - allerdings nicht vorbereitet wie Anna. Da

meint die Mutter: „Sag einmal Katja, kannst du mir sagen, warum du mit neun Jahren ein Handy brauchst?" Katjas kurze und überzeugende Antwort: „Mama, weil ein Handy cool ist und das reicht als Grund vollkommen!"

Sie haben mit dieser kurzen Geschichte, die sich tatsächlich so ereignet hat, zwei ganz unterschiedliche Zugänge von Anna und Katja zur Lösung ihres Problems erlebt.

Auf der einen Seite Anna, die mit logischem Sachverstand an die Sache herangeht. Ihr am stärksten ausgeprägter Persönlichkeits-Stil ist der analytische. Sie nimmt Menschen, Situationen und ihre Umgebung bevorzugt durch die sachlich-faktenorientierte Denkerbrille wahr. Das bestimmt auch, wie sie im Alltag Aufgaben löst und bei Problemen nach Lösungen sucht. Typisch dafür ist in dieser kurzen Erzählung, dass Anna strukturiert und über logisches Denken (mit Daten und Fakten) versucht, ihre Eltern dazu zu bewegen, ihr ein Handy zu kaufen.

Ganz anders Katja! Ihr am stärksten ausgeprägter Persönlichkeits-Stil ist der kreative. Sie reagiert einfach, ohne lange zu überlegen. Sie sagt, was sie mag („das Handy ist cool"). Sie investiert ihre Energie nicht ins Denken, sondern in ihre Reaktion. Es hätte auch wenig Sinn, mit Katja jetzt lange sachlich zu diskutieren, denn sie sucht die Lösungen nicht in dieser Form der Auseinandersetzung. Für Katja ist die Sache ganz einfach - es gefällt ihr etwas spontan oder eben nicht.

Wie macht „man" etwas richtig?

Sicher kennen Sie selbst aus dem Alltag eine Menge Beschreibungen dafür, wie „man" etwas richtig macht: „Zuerst denken, dann handeln!", „Sich auf sein Gefühl verlassen!" oder „Nicht lange überlegen, sondern handeln!". „Erfahrung macht den Meister!", „In Ruhe nachdenken!" oder „Tun was gefällt!". Kommt Ihnen da vielleicht einiges bekannt vor? Wahrscheinlich kennen Sie auch noch andere Formulierungen, die Sie in Ihrem Leben einmal gehört und vielleicht verinnerlicht haben.

Unsere Zugänge zu Aufgaben und Problemlösungen im Alltag sind hauptsächlich bestimmt durch unsere dominierenden Persönlichkeits-Stile mit ihren bevorzugten Wahrnehmungsbrillen und den Stärken und Begabungen. Je mehr es uns mehr oder weniger gelingt, unsere sechs integrierten Persönlichkeits-Stile mit ausreichend Energie zu besetzen, desto größer ist die Bandbreite unserer Möglichkeiten, Aufgaben und Probleme im Alltag zu lösen.

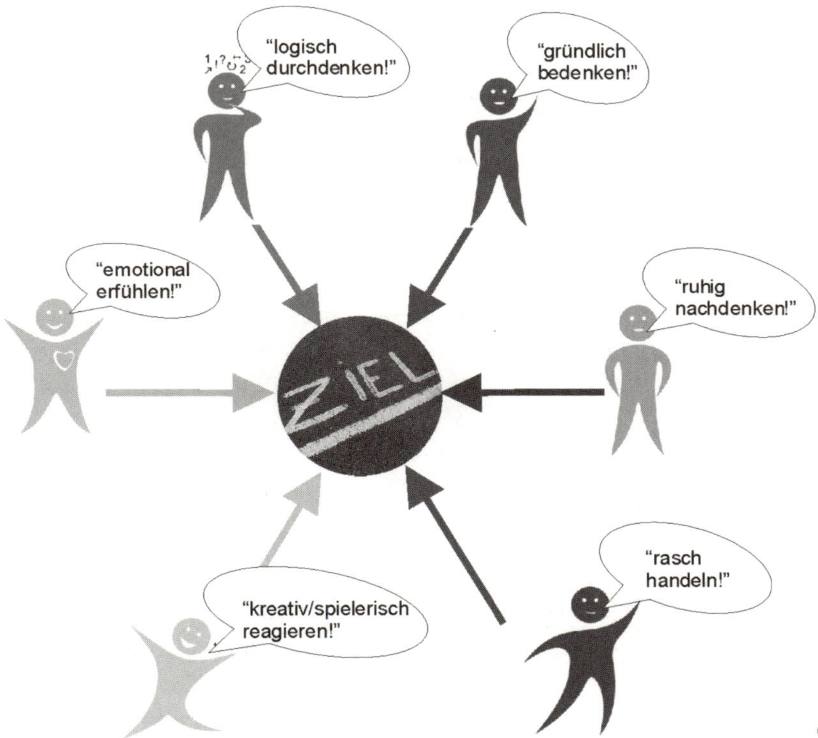

© SIZE
Prozess 2007

Wie bereits bei den Stärken und Begabungen beschrieben, werden Talente bei den **spontan bevorzugten Zugängen** zu Aufgaben und Problemlösungen der einzelnen Persönlichkeits-Stile noch einmal deutlich sichtbar:

Logisches Denken - strukturiertes und organisiertes Vorgehen:

Aus dem **analytischen Persönlichkeits-Stil** betrachten Personen Aufgaben und Probleme als logische Herausforderungen, die für sie mit System und einer gründlichen Analyse zu bewältigen sind. Sie definieren Probleme und prüfen zunächst, was über sie bekannt ist. Fehlen relevante Informationen, suchen sie einen Weg, um diese erst einmal zu beschaffen. Sie stellen viele Fragen (was, wann, wo, wie...) und setzen die erhaltenen Informationen wie ein Puzzle zu einem Bild zusammen, das ihnen helfen soll, zu einer Entscheidung zu kommen. Über Daten und Fakten versuchen sie, mögliche Hindernisse vorauszusehen, die das Erreichen von Zielen erschweren könnten und sind bestrebt, mit logisch überlegten Maßnahmen damit umzugehen. Für sie ist eine gute Theorie die Grundlage für eine erfolgreiche Praxis.

Auf das Gefühl setzen - erfühlen von Lösungen:

Aus dem **einfühlsamen Persönlichkeits-Stil** ist für Personen der Zugang zu Aufgaben und Problemlösungen primär emotional. Man verlässt sich dabei hauptsächlich auf das Gefühl und fühlt sich sozusagen in Probleme und Lösungen ein. Gefühle und Bedürfnisse der beteiligten Personen sind ihnen manchmal wichtiger als sachliche Ergebnisse. Es geht ihnen vor allem auch um die gute und menschliche Atmosphäre, in der Aufgaben und Probleme gelöst werden sollen. Dabei sind ihnen das eigene und anderer Wohlbefinden, sowie Harmonie besonders wichtig.

Vorsichtig auf eigene Überzeugungen und Erfahrung setzen:

Aus dem **werteorientierten Persönlichkeits-Stil** sind für Personen Aufgaben und Probleme primär mit Erfahrung, Gründlichkeit und Ausdauer zu lösen. Um unerwünschte Folgen von Lösungen zu vermeiden, überprüft man Lösungen und Entscheidungen kritisch durch die Brille der eigenen Wertehaltung und Erfahrung. Es ist ihnen wichtig, mögliche Hindernisse vorauszusehen, die das Erreichen von Zielen erschweren könnten. Dazu haben sie feste Meinungen und Überzeugungen, die sie klar und deutlich vertreten. Mögliche Stärken und Schwächen von Vorschlägen oder Argumenten bringen sie deutlich zur Sprache. Nehmen sie Missstände in ihrem Umfeld wahr, sind sie kompetente Kritiker, die bereit sind, sich dafür auch unbeliebt zu machen. Einwände anderer, die sie für unangebracht halten, weisen sie zurück und bleiben ihrem Kurs, den sie für vernünftig und wertvoll halten, treu.

Spontan auf Handlungen und Taten setzen:

Aus dem **aktiven Persönlichkeits-Stil** setzen Personen bevorzugt entweder auf rasche Handlungen oder delegieren Aufgaben und Problemlösungen. Sie kennen in den meisten Situationen jemanden, den sie damit beschäftigen können. Sie zeigen sich aktiv, flexibel, charmant, überzeugend und spontan. Das, was Aktive schätzen, sind aufregende Aufgaben und Situationen. Sie streben den Mittelpunkt, Freiheit und auch stimulierendes Risiko an. Tradition und Konzepte empfinden Sie eher als einengend. Sie halten sich nicht lange mit Reden und Details auf, sondern schätzen rasche Entscheidungen und schnelle Aktionen. Das hilft ihnen, Gelegenheiten beim Schopf zu packen und Dinge rasch in Gang zu bringen. Erkennen sie schwere Mängel eigener Ideen und Handlungen, nehmen sie ebenso spontan einen Richtungswechsel vor. Sie sind bereit, sich auf ein Ziel so lange einzustellen, solange es ihnen nützlich ist, andernfalls lassen sie es fallen und suchen neue Herausforderungen.

Zurückgezogen auf die eigene Vorstellungskraft setzen:

Aus dem **ruhigen Persönlichkeits-Stil** lösen Personen Aufgaben am liebsten mit Ruhe und Abstand. Sie schätzen es, wenn diese wenig Kommunikation und Interaktion mit anderen Menschen erfordern. Sie verfügen häufig über eine ausgeprägte Abstraktionsfähigkeit, eine gute Beobachtungsgabe und einen scharfen Verstand. Sie arbeiten bevorzugt alleine und zurückgezogen. Sie können gut Ideen und Konzepte austüfteln und Dinge evolutionär weiterentwickeln und optimieren. Sie haben allerdings wenig Motivation, die Ergebnisse dieser Arbeit anderen Menschen in der direkten Kommunikation zu präsentieren.

Spontan auf Kreativität und Spontaneität setzen:

Aus dem **kreativen Persönlichkeits-Stil** gehen Personen an Aufgaben und Probleme bevorzugt spontan und mit Kreativität heran. Sie wollen, dass bei deren Lösung der Spaß nicht zu kurz kommt. Sie schätzen es, wenn sie dabei keinen großen äußeren Zwängen und Vorgaben ausgesetzt sind und brauchen die Bühne mit vielen Freiräumen, auf der sie sich witzig und originell präsentieren können. Sie haben die Fähigkeit, an Bestehendem respektlos zu „rütteln". Neues, Originelles und Ausgefallenes übt häufig auf sie einen unwiderstehlichen Reiz aus, Unbekanntes zieht sie oft magisch an. Einerseits macht das Kreative sprunghaft und unberechenbar, andererseits könnten damit auch alternative Aktionspläne entwickelt werden, bestehende Pfade verlassen und Räume für Neues geöffnet werden.

Die Farbenpracht eines Regenbogens:

Stellen Sie sich einen Regenbogen mit seiner ganzen Farbenpracht vor. Erst die Vielfalt seiner Farben macht ihn zum einzigartigen Naturerlebnis. Ebenso ist es mit diesen unterschiedlichen Zugängen zu Aufgaben und Problemlösungen. Jeder von ihnen enthält ganz spezifische Qualitäten, stellt uns einzigartige Ressourcen zur Verfügung, ermöglicht uns neue Sichtweisen und das stärkt unsere Lösungskompetenz.

Problemlösungen aus den verschiedenen Lösungsansätzen der einzelnen Persönlichkeits-Stile:

Häufig kommt es vor, dass wir an Gewohntem oder einmal eingenommenen Positionen festhalten und nur schwer loslassen können. Damit stehen wir oftmals neuen Möglichkeiten im Weg.

Mit den Ressourcen der sechs Persönlichkeits-Stile ist es möglich, systematisch unterschiedliche Positionen zu einer Frage einzunehmen und so verschiedene Lösungs- und Denkansätze durchzuspielen. Die verschiedenen Sichtweisen durch die Wahrnehmungsbrille der einzelnen Persönlichkeits-Stile führen zu unterschiedlichen Lösungsansätzen. Gerade bei Problemen und Fragestellungen, die sehr komplex sind, ist es besonders hilfreich, das Thema möglichst von vielen Seiten zu beleuchten.

Diese Möglichkeit kann von einer Person allein oder innerhalb von Gruppen eingesetzt werden.

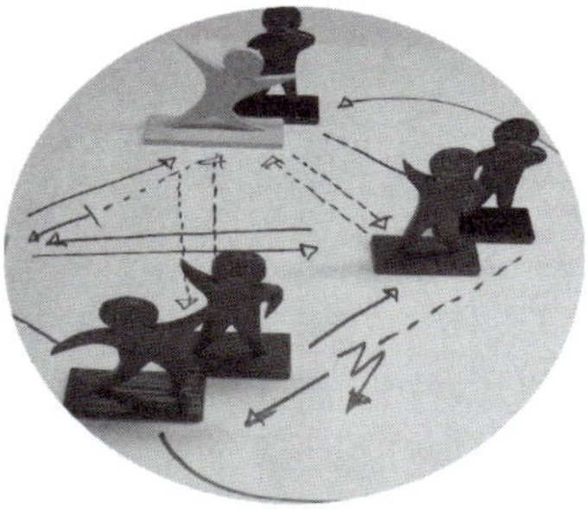

Systemaufstellung mit SIZE Prozess Figuren

Praxisbeispiele für SIZE Prozess Systemaufstellungen:

- *Systemaufstellung zur inneren Dynamik der verschiedenen Persönlichkeits-Stile in einer Person zur Unterstützung bei einer anstehenden Entscheidung*
- *Abbildung einer Kommunikationsstruktur im Fall von Problemlösungen in einer Abteilung*
- *Systemaufstellung zur Auftragsklärung*
- *Informationen über den Kontext erhalten*
- *Stressbewältigung mit Hilfe der Systemaufstellung*
- *Systemaufstellung zum Thema Führung*
- *Führung in Entwicklungsprozessen*
- *Konfliktaufstellung zwischen mehreren Geschäftsführern eines Unternehmens*
- *Beziehungen in einem Team klären*
- *Aufstellung im Coaching............*

Krisengipfel im Führungsteam:

Stellen Sie sich vor, ein erfolgreicher Verkaufsleiter eines Vertriebsunternehmens wurde vom größten Mitbewerber abgeworben. Es besteht die Gefahr, dass dadurch Kunden an die Konkurrenz verloren gehen. Da noch kein neuer Verkaufsleiter zur Verfügung steht, kommt es zu einem Krisengipfel im Führungsteam des Vertriebsunternehmens.

Welche Positionen könnten die einzelnen Persönlichkeits-Stile im Zusammenhang mit ihren Lösungs- und Denkansätzen einnehmen?

Einfühlsame Persönlichkeits-Stil:

Er könnte dazu genutzt werden, positive und negative Gefühle - im Zusammenhang mit dem Problem - einzubringen. Die Teammitglieder erhalten damit die Möglichkeit, über ihre Emotionen zu reden - Spannungen könnten abgeladen werden.

Analytische Persönlichkeits-Stil:

Er könnte die Position des neutralen Denkens haben. Damit könnte in diesem Fall das Problem in ein konkretes Ziel umgewandelt werden und Lösungen strukturiert und gut logisch durchdacht gesucht werden. Damit könnte im Team die Voraussetzung dafür geschaffen werden, dass sachlich darüber nachgedacht wird, welche wichtigen Informationen zum bestehenden Problem noch fehlen und wie diese eventuell besorgt werden könnten.

Wertorientierte Persönlichkeits-Stil:

Er könnte die Position des kompetenten Skeptikers haben. Ebenso könnte er dazu dienen, Erfahrungen einzubringen, und auf mögliche Schwächen bei den neuen Lösungsideen zu achten. Er könnte dafür sorgen, dass Werte, Regeln, Vorschriften und Normen eingehalten werden.

Ruhige Persönlichkeits-Stil:

> Er könnte die Position des sachlich und emotional unbestechlichen Querdenkers haben, der Lösungen austüftelt, oder evolutionär weiterentwickelt und optimiert.

Aktive Persönlichkeits-Stil:

> Er könnte die Position des aktiven Optimisten haben, der eine Lösung vorantreibt und darauf achtet, dass es zu Handlungen und Aktivitäten kommt.

Kreative Persönlichkeits-Stil:

> Er könnte in seiner Position dafür zuständig sein, mit neuen, innovativen Ideen an Bestehendem respektlos zu „rütteln“. Damit könnten bestehende Pfade verlassen und Räume für Neues offen werden. Alternativen könnten entstehen, die bisher noch nicht wahrgenommen wurden.

Sie sehen schon, welche Ressourcen und Möglichkeiten in jedem Zugang zu Aufgaben und Problemlösungen stecken. Es geht nicht um „richtig“ oder „falsch“, sondern um die Erweiterung der Möglichkeiten.

	Zusammenfassung für Schnellleser		
Persönlichkeits-Stil	**Talente**	**bevorzugte Wahrnehmungsbrille**	**bevorzugter Zugang zu Aufgaben und Problemlösungen**
Analytisch: 	verantwortungsbewusst, planend, exakt und genau, logisch organisiert, gewissenhaft, leistungsorientiert, zielstrebig	sachlich-faktenorientierte Denkerbrille	logisch durchdenken: mit Analyse und System
Einfühlsam: 	fürsorglich, warmherzig, anpassungsfähig kooperationsfähig, gefühlvoll, ausgleichend, geduldig, freundlich, offen, verführerisch, mitfühlend	beziehungsorientierte Gefühlsbrille	emotional erfühlen: mit Gefühl und Menschlichkeit
Werteorientiert: 	belastbar, leistungsorientiert, gewissenhaft, ausdauernd, beharrlich, gute Beobachter, zuverlässig, pflichtbewusst, leistungsorientiert	sachlich-werteorientierte Denkerbrille	werteorientiert bedenken: mit Erfahrung, Gründlichkeit, Sachlichkeit und Ausdauer

Persönlichkeits-Stil	Talente	bevorzugter Wahrnehmungsbrille	bevorzugter Zugang zu Aufgaben und Problemlösungen
Ruhig: 	still, ruhig, kreatives Denken, rational, zurückhaltend, scharfes Beobachten, sensibel, kontemplativ	sachlich-besinnliche Denkerbrille	beschaulich nachdenken: mit Ruhe und Abstand
Kreativ: 	kreativ, findig, humorvoll, einfallsreich, originell, ideenreich kontaktfähig, spontan, begeisterungsfähig	reaktiv-humorvolle Reaktionsbrille	kreativ reagieren: mit Humor, Kreativität und Spontaneität
Aktiv: 	aktiv und direkt, handlungsorientiert, charmant, anpassungsfähig, überzeugend, impulsiv, flexibel, energievoll	aktiv-impulsive Handlungsbrille	rasches Handeln/Tun: mit Aktivität und Delegieren

Je mehr Zugänge zu Aufgaben und Problemlösungen eine Person, ein Team oder Organisation hat, desto größer ist die Bandbreite ihrer Möglichkeiten. In der Praxis sind zumeist Mischformen dieser unterschiedlichen Zugänge anzutreffen.

ÜBUNG:
Eigene Talente aufspüren:

Denken Sie an eine Situation in letzter Zeit, in der Sie sich in einer Gesellschaft befunden haben, in der sie die meisten Menschen nicht gekannt haben. Wie haben Sie sich verhalten? Wie haben Sie die Zeit verbracht?

Situation:

Ihr Kommunikationsverhalten in dieser Situation:

Wählen Sie aus Ihrem Alltag eine typische Situation aus, die Sie zu bewältigen haben. Beobachten Sie Ihre spontanen, unmittelbaren Reaktionen auf diese Situation. Sie geben Ihnen wichtige Hinweise.

Situation:

ÜBUNG:
Bevorzugter Zugang zu Aufgaben und Problemlösungen

Welchen Aussagen stimmen Sie „spontan“ - im Zusammenhang mit dieser typischen Situation - wie stark zu? (4 = sehr starke Zustimmung, 3 = stimme zu, 2 = stimme etwas zu, 1 = stimme nicht zu)?

Aufgaben und Probleme löse ich spontan am liebsten mit:

a) ☐ System, einer gründlichen Analyse und mit logischem Denken.

b) ☐ Gefühl und Menschlichkeit.

c) ☐ Gründlichkeit, Sachlichkeit, Ausdauer und Erfahrung.

d) ☐ Ruhe und Abstand. Wichtig ist, dass ich ausreichend Zeit habe, alleine über die Lösung nachzudenken.

e) ☐ Spontaneität, Spaß, Humor und Kreativität. Trotz der vielen Aufgaben und Probleme nehme ich solche Situationen eher locker und nicht allzu ernst.

f) ☐ Taten und nicht mit langen Reden: „Anpacken und Handeln ist meine Devise!“

Auflösung:

Höchste Zustimmung bei a)

Sie erleben Situationen und Ihre Umwelt wahrscheinlich vor allem über Ihr Denken. Sie gehen vermutlich davon aus, dass es dann weniger Probleme gäbe, wenn sich alle folgerichtig verhalten würden. Es ist denkbar, dass Sie davon überzeugt sind, Lösungen entstehen in erster Linie durch logisches Denken.

Höchste Zustimmung bei b)

Sie nehmen höchstwahrscheinlich Situationen und Ihre Umwelt vor allem über Ihre Gefühle wahr. Ihr Zugang zu Aufgaben und Problemlösungen ist wahrscheinlich emotional, d.h. die Lösungen werden von Ihnen in erster Linie erfühlt („Bauchgefühl"). Harmonie, Empfindungen und zwischenmenschliche Beziehungen sind Ihnen vermutlich dabei besonders wichtig.

Höchste Zustimmung bei c)

Sie beobachten möglicherweise Situationen und Ihre Umwelt vor allem über Ihre Meinungen, Ansichten und Ihre inneren Wertehaltungen. Für Sie sind Aufgaben und Probleme vermutlich mit Gründlichkeit, Erfahrung und Ausdauer zu lösen. Es ist anzunehmen, dass andere Menschen bei Ihnen als erste Reaktion auf diese Situation Ihre beurteilenden Meinungen und Standpunkte erleben, die Sie überzeugend vertreten.

Höchste Zustimmung bei d)

Sie sind wahrscheinlich ein stiller und besinnlicher Beobachter von Situationen, Ihrer Umwelt und nicht zuletzt von sich selbst. Sie erleben die Welt anscheinend über Ihre beschaulichen Überlegungen. Unter Umständen warten Sie manchmal bei Aufgaben und Problemlösungen auf Aufforderungen von außen, die Sie als Motivation zum Handeln betrachten. Lösungen suchen Sie höchstwahrscheinlich am liebsten mit Ruhe und Abstand.

Höchste Zustimmung bei e)

Das ist ein Hinweis darauf, dass Sie eventuell Situationen und Ihre Umwelt vor allem über Ihre spontanen Reaktionen erleben. Es ist anzunehmen, dass Sie auf solche Situationen mit Vorlieben und Abneigungen reagieren. Das Leben muss für Sie wahrscheinlich genussvoll und spaßig sein - nur nicht zu ernst. Sie gehen möglicherweise davon aus, dass sich dann Probleme von alleine lösen.

Höchste Zustimmung bei f)

Sie begegnen Situationen und Ihrer Umwelt wahrscheinlich in erster Linie mit Aktionen, Taten und Handlungen. Es könnte sein, dass Sie Herausforderungen lieben und Dinge rasch in Gang bringen wollen. ***„Nur nicht lange diskutieren"***, ist wahrscheinlich Ihre Devise. Sie mögen vermutlich keine „Erbsenszähler", sondern Personen wie Sie, die handeln.

ÜBUNG:
Entdecken Sie Ihre Stärken, Begabungen und Talente:

a) Überlegen Sie eine konkrete berufliche Situation die Sie als erfolgreich einstufen würden und in der Sie sich „lebendig" und motiviert gefühlt haben?

b) Überlegen Sie sich gleichzeitig eine konkrete berufliche Situation die Sie Misserfolg einstufen würden und in der Sie sich „ausgelaugt" und demotiviert gefühlt haben?

Notieren Sie:

Was waren die relevanten Umstände und Rahmenbedingungen dieser Situationen?

Was waren die Aufgaben und Anforderungen bzw. die vorgegebenen Ziele?

Wie sind Sie bei der Lösung dieser Aufgaben und Anforderungen konkret vorgegangen - was waren Ihre konkreten Handlungen?

Zu welchem Resultat hat dieser Zugang zur Lösung der Aufgabe und Anforderung geführt?

____

____

Welche Talente und mögliche Schwächen von sich können Sie davon ableiten?

____

____

ÜBUNG: Jeder Mitarbeiter ist einzigartig:

Es geht darum, herauszufinden, welches Umfeld und welche Art Führung ein Mitarbeiter benötigt, um energievoll zu sein und um die vorhandenen Stärken und Potentiale optimal zu nutzen.

Aufgabe:

Suchen Sie sich aus Ihrem Umfeld eine Person aus. Stellen Sie sich vor, diese Person ist Ihre Mitarbeiterin oder Ihr Mitarbeiter.

1. Schritt: Beschreiben Sie diese Person möglichst genau:

Was sind ihre dominierenden Persönlichkeits-Stile?

____

____

____

Was sind die typischen Verhaltens- und Reaktionsweisen?

____

____

____

Was sind die Bedürfnisse und Motivatoren dieser Person?

Welches Arbeitsumfeld ist für diese Person wichtig?

Was sind die vorhandenen Stärken und Begabungen dieser Person?

---

*2. **Schritt**:* ***Überlegen Sie***:

Wie würden Sie konkret vorgehen, um diese Mitarbeiterin oder diesen Mitarbeiter zu Leistung zu bringen?

---

3. Schritt: Überprüfen Sie:

Wie gut gelingt es Ihnen, das persönliche Profil von Personen zu erfassen?

Können Sie die Unterschiedlichkeiten Ihrer Mitarbeiter als Bereicherung des Arbeitsalltags genießen?

Wie könnten Sie Ihr psychologisches Einfühlungsvermögen weiter entwickeln, um noch besser auf andere Personen einzugehen?

Kenne Sie Personen, die Meister eines solchen individuellen Führungsverhaltens sind?

Verstimmungs-Muster und Stress

Misskommunikation vermeiden oder überwinden?

Kollegen und Kunden sind sauer auf Herrn M., der Leiter der EDV Abteilung in einem mittelständischen Handelsunternehmen ist. Zum wiederholten Mal hat er eine versprochene Arbeit nicht erledigt, trotz fixer Zusage, die er im letzten Meeting gegeben hat, diesen Umstand zu verbessern.
Auf seinem Schreibtisch wütet das Chaos. Wenn ein Kollege aus seiner Organisation zu ihm kommt und dringend den Ausdruck der letzten Kundenstrukturanalyse braucht, jammert er zwar, lässt dann aber die andere Arbeit liegen, mit der er gerade beschäftigt ist, und wendet sich sofort dieser neuen Aufgabe zu.
Herr M. will es einfach jedem recht machen und kann schwer Nein sagen. Das Chaos ist vorprogrammiert. Zu allem Überdruss unterlaufen ihm dann auch noch dumme Fehler, womit er erst recht die negative Aufmerksamkeit auf sich zieht.
Die Kollegen und der Unternehmer finden für dieses latente Problem keine Lösung. Zum einen ist es ja nicht so, dass Herr M. faul ist, er macht viele Überstunden. Zum anderen wirkt er auf sie hilfsbereit, anpassungswillig, gefällig und sympathisch - menschlich mögen sie ihn. Sie haben es bereits mit wütenden Vorwürfen und mit Ratschlägen versucht (Zeitmanagement, systematisches Arbeiten, Prioritäten setzen, einmal Nein sagen, etc.), aber auf alle Vorschläge und Ratschläge hat Herr M, mit einem ... „ja, aber“..... reagiert. “Sie haben schon recht, Herr L., aber wenn ich das so mache, wie Sie sagen, dann ...!“ Herr M. bringt Argumente, die alle sehr einleuchtend klingen und das Problem so erscheinen lassen, als sei es tatsächlich nicht lösbar. Die Kollegen stehen diesem Umstand und Herrn M. ärgerlich und ohnmächtig gegenüber. Herr M. fühlt sich ungeliebt - sieht selbst aber keine Lösung seines Problems.

Herr M. ist kein Einzelfall und gehört zu jenen Personen, die es jedem recht machen wollen. Diese Personen fühlen sich angesprochen, für andere hilfreich und unterstützend tätig zu werden. Sie können es einfach nicht mit ansehen, wie andere Menschen „leiden“ oder hilflos erscheinen. Es fällt ihnen schwer, „Nein“ zu sagen und die eigenen Bedürfnisse und Interessen ausreichend zu vertreten. Die Wünsche und Bedürfnisse anderer Personen haben immer Vorrang.

Vorhersagbare Verstimmungs-Muster:

Ein wichtiges Hilfsmittel für den Umgang mit anderen sind die so genannten Stressmuster und „Verstimmungs-Muster“ im SIZE Prozess Persönlichkeitsmodell. Diese Stressmuster sind weitgehend vorhersagbare Verstimmungs-Muster aus den sechs Persönlichkeits-Stilen. Sie geben Hinweise darauf, dass sich unterschiedliche Bezugssysteme entweder voneinander zu sehr unterscheiden oder sich konkurrenzieren. ***„Zuerst denken, dann handeln! - Das kann doch nur die Devise sein!“*** oder ***„Ich bin der Experte dafür, wie man das richtig löst!“*** Die Liste lässt sich endlos fortsetzen. Es geht dabei um die Frage: ***„Ist meine Wahrnehmung und Wirklichkeit besser oder richtiger als die des anderen“. „Ich weiß besser, was gut für Sie ist“. „Ich werde alles daran setzen, Sie von der Qualität meines Bezugssystems zu überzeugen!“*** Das bedeutet gleichzeitig eine Abwertung des oder der anderen Beteiligten, denn es etabliert sich nicht nur eine Hierarchie auf der Beziehungsebene, sondern auch eine „Hierarchie der Wahrheit“. Die Folge können Stressmuster und Konflikte bei den Beteiligten sein.

Stressmuster können ebenso eindeutige Hinweise darauf sein, dass der oder die Betreffende(n) zu wenig psychische „Energie“ zur Verfügung hat/haben und nun mit einer Ersatzstrategie versucht/versuchen, seine/ihre Bedürfnisse zu befriedigen. Häufige Folgen davon sind auch hier häufig Kommunikationsstörungen und Konflikte.

Verlauf der Verstimmungs-Muster:

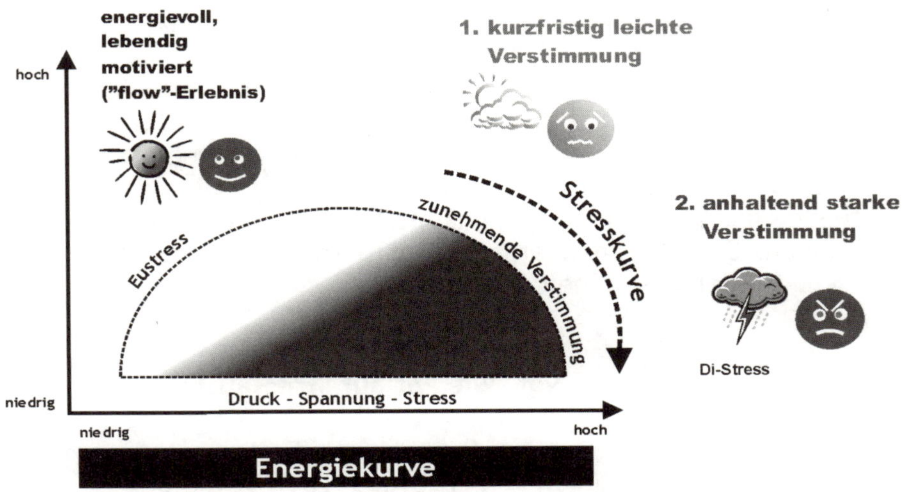

© SIZE Prozess 2006

Positive innere Spannung kann zu Energie, Lebendigkeit und Motivation führen:

Solange sowohl die körperlichen als auch die psychologischen Bedürfnisse auf angemessene Art und Weise ausreichend befriedigt werden, fühlen wir uns gesund, energievoll, lebendig und leistungsfähig. Je besser unsere psychische Energie in Balance ist, desto intensiver können wir einen optimalen und zutiefst erfüllenden Zustand erleben, indem wir in unserer Tätigkeit vollkommen aufgehen. Dieser Zustand könnte auch als positiver innerer Stress (*Eustress*) beschrieben werden. Ein gewisses Ausmaß an Stress ist sogar lebensnotwendig und fördert das Denk- und Leistungsvermögen. Dennoch ist es erforderlich, zwischen positivem (Eustress) und negativen Stress (Di-Stress) zu unterscheiden.

Eustress - positiver Stress:

Positiver Stress mobilisiert die Lebensenergie und lässt einen Menschen zu einer - sprichwörtlichen - Hochform auflaufen (energievoll). Biochemisch betrachtet ist Neoadrenalin der Hauptakteur, das sich positiv auf die Ausschüttung von Glückshormonen auswirkt (wie Endorphine und Serotonine). Der Organismus wird verstärkt mit

Energie versorgt, was unter anderem zu gesteigerter geistiger Problemlösungsfähigkeit führt. Dieser positive Stress, der auch Eustress genannt wird, ist sowohl im privaten als auch im beruflichen Alltag zur energievollen Aktivierung des Organismus notwendig.

Weicht die Freude, eine Herausforderung zu meistern, entstehen Zweifel, ihr gewachsen zu sein. Dann kippt der positive Stress in den negativen Stress. Er wird Distress genannt und entsteht, wenn sich eine Person überfordert fühlt und wenn psychologische Grundbedürfnisse, die je nach Persönlichkeitsstruktur unterschiedlich sind, ausbleiben. Er entsteht aber auch aus permanenter Überforderung und schadet der Gesundheit.

Unser Bezugssystem gibt vor, wie wir auf Stressauslöser reagieren:

Nach den Stressforschungen von ***Lazarus (1984)*** ist die Stressentstehung auf das Zusammenspiel zwischen situativen Anforderungen und individueller Beurteilung zurückzuführen. Die entscheidende Rolle kommt dabei den individuellen Bewertungsprozessen zu (siehe Kapitel Wahrnehmung und Bezugssystem). Wir Menschen selbst, und nicht unsere Lebenssituation, entscheiden primär, wie wir uns fühlen (***Bengelmann, 1986***). Unsere individuelle Beurteilung von Situationen und unserer Bewältigungsmöglichkeiten sind für die Entstehung unserer Stressmuster sehr bedeutsam. Je nachdem, wie wir die eigenen Möglichkeiten wahrnehmen, sowohl die gegebenen äußeren als auch unsere inneren Anforderungen, wirkt sich das maßgebend auf unsere Stressgeschehen aus.

Vorhersagbare Abfolge von Verstimmungen bei negativem Stresserlebnis:

Aus unserem dominierenden Persönlichkeits-Stil oder Stilen und aus unserem Bezugssystem ist eine immer wiederkehrende und voraussagbare ähnliche ***Abfolge von Verhaltensweisen oder Verstimmungen*** beobachtbar (Schlegel, 1993, 223), wenn wir aus den oben angeführten Ursachen unter Druck oder Stress geraten.

Kurzfristige Verstimmung als Hinweis auf negativen Stress:

In stressfreiem Zustand haben wir flexibel die Freiheit, die Ressourcen unserer verschiedenen Persönlichkeits-Stile im Alltag zu nutzen. Mit zunehmendem Stress kann diese Flexibilität erheblich eingeschränkt werden, und negative Verhaltensmuster können sichtbar werden.

Bei kurzfristiger Verstimmung wird diese Freiheit bereits eingeschränkt und wir greifen auf „Rezepte" zurück, die wir bereits in unserer Kindheit, in unserem sozialen Umfeld als Anpassung an gesellschaftliche Normen, gelernt haben und, die nun als ***„innere Anweisungen"*** wahrnehmbar werden, die uns ein bestimmtes Verhalten vorschreiben unter dem Motto: ***„ Du musst..., dann bist du OK!"*** Die Inhalte dieser inneren Anweisungen sind grundsätzlich nicht schlecht, dennoch beinhalten sie eine Einseitigkeit, die zumeist in einer eingeschränkten Flexibilität bei der Lösung von Aufgaben und Problemen sichtbar wird.

Beispiele für leichte Verstimmung zu den einzelnen Persönlichkeits-Stilen:

Persönlichkeits-Stil	**leichte Verstimmungs-Muster**	**mögliches Verhalten Beispiel:**
Einfühlsam	aufopfernd Überangepasste	*Sie fühlen sich für die guten Gefühle anderer verantwortlich. Sie versuchen Gedanken zu lesen und Erwartungen anderer zu erahnen. Sie passen sich an Situationen und Menschen übermäßig an, können nicht „Nein" sagen.*
Analytisch	zwanghafte Perfektionisten	*Sie werden steif und angespannt und streben nach Perfektion und übertriebener Gewissenhaftigkeit. Sie beschäftigen sich übermäßig mit Details, Zahlen und Tabellen.*

Persönlichkeits-Stil	leichte Verstimmungs-Muster	mögliches Verhalten Beispiel:
Werteorientiert	misstrauische Skeptiker	*Sie sehen überall nur noch Fehler und verlieren das Vertrauen in sich und andere. Sie streben nach Perfektion und erwarten, dass auch andere perfekt sind.*
Kreativ	angestrengte Verwirrte	*Sie geben sich sichtbar viel Mühe. Sie denken angestrengt nach, geben auf Fragen keine direkte Antwort und „verstehen oder wissen oft nicht." Sie sagen immer wieder, dass es für sie schwierig ist, obwohl sie sich anstrengen.*
Aktiv	charmante Egoisten	*Sie sehen Gefühle gleichbedeutend mit Schwäche an. Sie schieben Verantwortung charmant ab oder ziehen die Unterstützung überraschend zurück. Sie lehnen die Verantwortung für eigenes Verhalten ab.*
Ruhig	zurückgezogene Tagträumer	*Sie zeigen wenig Emotionen und Gefühle. Sie ziehen sich immer mehr zurück und vermeiden passiv Probleme zu lösen.*

Verstimmungs-Muster können beim Gegenüber komplementäre Verstimmungs-Muster auslösen:

Es besteht eine hohe Wahrscheinlichkeit, dass eine Person, die sich in einem negativen Verstimmungs-Muster befindet, bei anderen Personen auch komplementäre Verstimmungs-Muster anregt. Verhält sich eine Person beispielsweise zwanghaft perfektionistisch, kann es dazu führen, dass z.B. eine andere Person ebenso zwanghaft perfektionistisch reagiert. Es kann aber auch sein, dass sie überangepasst, manipulativ, mit Rückzug oder mit skeptischem Misstrauen reagiert. Erfreulicherweise gilt dieses Prinzip auch für positive Verhaltensweisen.

Starke Verstimmung als Hinweis auf Di-Stress:

Führt das Verhalten - als Ergebnis der inneren Anweisungen - zu keiner Entspannung, steigt bei uns die Verstimmung weiter an. Manchmal kann es zur Bemühung führen, noch einmal alle Kräfte zu mobilisieren („jetzt erst recht"), um den inneren Anweisungen gerecht zu werden. Eine nützliche Kommunikation ist in dieser Phase aber kaum noch möglich.

Beispiele für starke Verstimmung zu den einzelnen Persönlichkeits-Stilen:

Persönlichkeits-Stil	starke Verstimmungs-Muster	mögliches Verhalten Beispiel:
Einfühlsam	mutlos Klagende	*Sie können gefühlsmäßig überschießen und überbesorgt werden. Sie können dramatisieren bis hin zur Panik und es kann dazu führen, dass sie immer mehr Fehler machen und die Übersicht verlieren.*

Persönlichkeits-Stil	**starke Verstimmungs-Muster**	**mögliches Verhalten Beispiel:**
Analytisch	detailverliebte Überkontrollierer	*Sie ziehen alle Arbeit an sich und überlasten sich (Workaholictendenzen). Sie beginnen andere zu überkontrollieren und werden vielleicht stur und penibel. Sie können sich verärgert darüber beklagen, dass niemand ihre Leistung anerkennt.*
Werteorientiert	belehrende Bewahrer	*Sie verlassen sich nur mehr auf eigene Ideologien, Vorurteile und Glaubenssätze. Sie unternehmen kritische Versuche, andere von der eigenen Wertehaltung zu überzeugen.*
Kreativ	rebellische Kritiker	*Sie suchen die Fehler primär bei anderen, die sie beschuldigen oder sogar blamieren. Es geht ihnen der Überblick trotz heftiger Bemühungen immer mehr verloren.*
Aktiv	manipulative Grenzüberschreiter	*Sie versuchen, Probleme durch Manipulation, Tricks und Intrigen zu lösen.*
Ruhig	erstarrte Eremiten	*Sie beginnen heftig zu grübeln und warten passiv ab, was geschieht.*

Verlauf der Verstimmungs-Muster aus dem Einfühlsamen Persönlichkeits-Stil:

Beispiel:

Helga ist überlastet. Dennoch schafft sie es nicht, „Nein“ zu sagen, als ein Kollege auftaucht und ihr noch zusätzliche Arbeit aufbürdet. Dabei blickt sie scheu und nur momentweise in die Augen des Kollegen und wirkt dabei ausgesprochen beflissen, so, als ob sie ja alles richtig machen möchte.

© SIZE Prozess 2006

Typische Verstimmungs-Muster:

Personen passen aus dem einfühlsamen Persönlichkeits-Stil zunächst übermäßig an, bemühen sich, es den anderen recht zu machen, das zu tun oder sich zu so verhalten, wie sie glauben, dass es die anderen von ihnen erwarten. Sie zeigen ein übertriebenes Bedürfnis nach Harmonie und Freundlichkeit. Es fällt Ihnen zumeist zunehmend schwer, „Nein“ zu sagen und sie gehen Konflikten eher aus dem Weg, geben häufig nach und sind dafür bereit, ihre eigenen Anliegen und Wünsche zurückzustellen oder nicht mehr ernst zu nehmen (aufopfernd überangepasst).

Diese Personen haben zunehmend den Wunsch nach Bestätigung von anderen und wirken dabei möglicherweise kindhaft, „unreif“ und abhängig. Alleinsein ist ihnen zumeist ein Gräuel. Sie beginnen unter jedem Anzeichen von tatsächlicher oder auch nur vermuteter Kritik sehr zu leiden.

Es wird die gesamte Energie in Fühlen investiert und das problemlösende Denken ist blockiert. Es kann sein, dass sie alles dramatisieren, unter Umständen bis hin zur Panik, machen immer mehr Fehler und verlieren die Übersicht.

Sie suchen häufig Hilfe und Unterstützung bei anderen und neigen dazu, in Abhängigkeit zu geraten. Sie zeigen sich eventuell gefühlsmäßig heftig berührt, überbesorgt, haben Angst, klagen mutlos und fühlen sich von ***allen*** ungeliebt (mutlos Klagende)

Umgang mit Verstimmungsmustern aus dem einfühlsamen Persönlichkeits-Stil:

Zunächst brauchen sie das Gefühlt, als Person angenommen zu sein. Dazu begegnet man ihnen am besten mit echtem Mitgefühl und fürsorglich menschlicher Wärme. Der einfühlsam-fürsorgliche Kommunikations-Stil ist dazu besonders geeignet. Es ist hilfreich, wenn Sie damit zunächst ihre Gefühle und ihre Befindlichkeit ansprechen.

Sie zeigen Verstimmungs- und Stressmuster aus dem einfühlsamen Persönlichkeits-Stil - was können Sie tun?

Es ist anzunehmen, dass Sie Ihr Engagement für die Bedürfnisse anderer manchmal übertreiben und dabei Ihre eigenen übersehen oder vernachlässigen.	*Lernen Sie Ihre eigenen Bedürfnisse zu entdecken, sich wichtig zu nehmen und gleichermaßen für sich selbst und für andere zu sorgen. Äußern Sie Ihre Wünsche und entwickeln Sie Ihre eigenen Präferenzen. Entwickeln Sie Ihre eigenen Konturen und Ihre eigene Identität. Finden Sie schrittweise heraus, wie viel Anpassung tatsächlich notwendig ist, um von anderen angenommen zu werden. Lassen Sie sich helfen und helfen Sie nur auf Anfrage. Lernen Sie in Drucksituationen zuerst anzuhalten, dann durchzuatmen und erst dann zu handeln.*

Verlauf der Verstimmungs-Muster aus dem analytischen Persönlichkeits-Stil:

Beispiel:

Max hat eine Besprechung mit seinem Chef. Als ihm sein Chef zu einer geplanten Veränderung im Unternehmen eine Frage stellt, versucht er möglichst kompetent, ausführlich und unmissverständlich zu antworten. Er antwortet über-detailliert, und in langen Sätzen und wiederholt etliche seiner Aussagen.

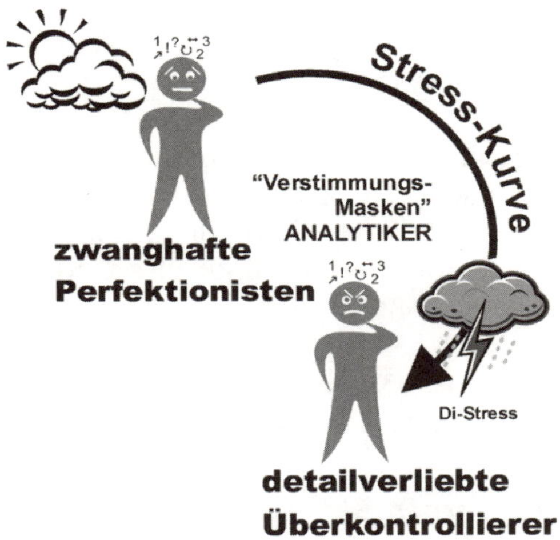

© SIZE Prozess 2006

Typische Verstimmungs-Muster:

Aus dem analytischen Persönlichkeits-Stil fangen Personen an, zwanghaft und perfektionistisch zu werden. Sie wirken steif, angespannt und verbissen. Sie neigen zu Konformität, übertriebener Gewissenhaftigkeit und Besorgtheit. Sie halten sich selbst für nicht kompetent genug und meinen damit nicht OK zu sein (zwanghafte Perfektionisten).

Diese Personen haben dann die Tendenz, sich übermäßig mit Details, Listen, Regeln und Planung zu beschäftigen, wobei ihnen Spontaneität und der Blick für die Hauptsache verloren gehen. Oftmals bestehen sie unter dieser Verstimmung darauf, dass andere ihre Arbeits- und Vorgangsweisen übernehmen sollen oder weigern sich gleich gänzlich, Aufgaben zu delegieren. Dann ziehen sie alle Aufgaben an sich, überlasten sich (Workaholic) und beginnen andere überzukontrollieren (detailverliebte Überkontrollierer).

Sie werden stur, zwanghaft, penibel und beklagen sich, dass niemand Ihre Leistungen anerkennt. Sie sind der festen Überzeugung, sie müssten arbeiten und kompetent etwas leisten, um OK zu sein. Sie können sich nicht mehr entspannen.

Unter Umständen werden sie ärgerlich, aggressiv und neigen dazu, andere direkt anzugreifen, weil sie ihren „Kopf" nicht gebrauchen und zu wenig Leistung erbringen.

Umgang mit Verstimmungsmustern aus dem analytischen Persönlichkeits-Stil:

Diese Personen brauchen zunächst Anerkennung für ihre Leistungen und Kompetenz, sowie ihre Fähigkeit, klar zu denken. Dazu eignet sich am besten der sachlich-analytische Kommunikations-Stil, mit dem Sie in sachlich rationaler Sprache z.B. über ihre Gedanken zum anstehenden Thema sprechen können.

Sie zeigen Verstimmungs- und Stressmuster aus dem analytischen Persönlichkeits-Stil - was können Sie tun?

Möglicherweise übersehen Sie manchmal in Ihrem Streben nach Perfektion und Fehlerfreiheit, dass Fehler in einem gewissen Maß bei jedem Menschen üblich sind und nicht zwangsläufig zu negativen Reaktionen bei anderen führen müssen, bzw. dass mögliche negative Reaktionen sich aushalten lassen.

Lernen Sie Dinge auf Ihre Art zu machen und denken Sie daran, dass jeder Fehler macht. Nicht immer sind Details wichtig. Halten Sie daher Arbeiten inhaltlich fest und legen Sie dafür zeitliche Fertigstellungstermine fest. Betrachten Sie Pannen als Lernmöglichkeiten. Bekennen Sie sich zu Fehlern und stehen Sie zu eigenen Grenzen. Achten Sie bei Aufgaben auf das Wesentliche und verlieren Sie dabei das Ziel nicht aus den Augen. Lernen Sie sich zu entspannen, auch wenn wichtige Arbeiten noch nicht erledigt sind.

Verlauf der Verstimmungs-Muster aus dem werteorientierten Persönlichkeits-Stil:

Beispiel:

Karl kritisiert einen kleinen Tippfehler seines Mitarbeiters in einem Kundenangebot. Misstrauisch stellt er in strengem Ton komplizierte Fragen zum Angebot und gibt dem Mitarbeiter das Gefühl, dass er ihm nicht vertraut und die viele Energie, die er in das sorgsam ausgearbeitete Angebot gesteckt hat, nicht wahrnimmt.

Typische Verstimmungs-Muster:

Aus dem werteorientierten Persönlichkeits-Stil wollen Personen die Kontrolle behalten, sowie Fehler und den Eindruck von Unfähigkeit um jeden Preis vermeiden. Sie können übertrieben misstrauisch, skeptisch, überempfindlich, argwöhnisch und eifersüchtig werden.

Ihr Denken wird zunehmend unflexibler und sie tendieren zu unrealistischen Vorstellungen über sich und die anderen. Völlig harmlose „Indizien" könnten dann für sie eine verborgene Bedeutung bekommen. Spaß und Humor gehen ihnen völlig verloren.

Sie erleben sich, unter Umständen ohne Grund, von anderen missachtet, ausgenützt und benachteiligt oder erwarten nur mehr Schlechtes von anderen (misstrauische Skeptiker).

Sie stellen dann die Loyalität der anderen grundlos in Frage, vertrauen ihnen nicht mehr und reagieren oftmals sogar feindselig.

Sie sehen überall nur noch die Fehler und fühlen innerlich Angst. Sie geben sich nach außen stark und erwarten, dass alles von den Anderen für Sie perfekt erledigt werden muss - bis hin zur Übererfüllung des Zieles - was oft zu Überforderungen führt. Jede noch so unbedeutende Kleinigkeit wird genauestens geprüft und perfektioniert.

Sie reagieren rasch zornig, vermeiden echten Kontakt und Gefühle und starten Angriffe.

Im Stress verlassen sie sich immer mehr auf ihre Ideologien, Vorurteile und Glaubenssätze, als auf die Wirklichkeit. Das Leben kommt ihnen unter Umständen ernst oder sogar gefährlich vor.
Es kann dazu führen, dass sie auf die Vorschläge und Anregungen von anderen stur und unflexibel bewahrend reagieren, und mit ihren Standpunkten und Überzeugungen andere unbeugsam zu belehren beginnen (belehrende Bewahrer).

Umgang mit Verstimmungsmustern aus dem werteorientierten Persönlichkeits-Stil:

Diese Personen brauchen zunächst Anerkennung für ihre Wertehaltungen und ihre geleistete Arbeit. Dazu eignet sich am besten der sachlich-werteorientierte Kommunikations-Stil, mit dem Sie sachlich und respektvoll ihre Meinungen und Gedanken zum anstehenden Thema hinterfragen können.

Sie zeigen Verstimmungs- und Stressmuster aus dem werteorientierten Persönlichkeits-Stil - was können Sie tun?

Möglicherweise übersehen Sie manchmal in Ihrem Streben nach Perfektion, dass Fehler, die andere machen, nicht zwangsläufig zu negativen Konsequenzen (die Ihnen unter Umständen Angst machen) führen müssen.

Lernen Sie im Leben Ihre Aufmerksamkeit verstärkt auch auf positive Aspekte zu richten. Sorgen Sie selbst für eine ausreichend positive Befriedigung Ihrer Grundbedürfnisse, auch außerhalb des beruflichen Kontextes. Lernen Sie sich zu entspannen, auch wenn wichtige Aufgaben noch nicht erledigt sind. Lernen Sie aktiv zuzuhören und Indizien, die Ihr Misstrauen wecken, aktiv auf tatsächlich dahinterliegende Realitäten zu überprüfen. Betrachten Sie Pannen als Lernmöglichkeiten und gestehen Sie sich und anderen Fehler zu.

Verlauf der Verstimmungs-Muster aus dem kreativen Persönlichkeits-Stil:

Beispiel:

Peter soll die Entwürfe für das neue Prospekt fertig stellen. Da ihm noch nicht ganz klar ist, welche Farbe er für das Deckblatt verwenden soll, ruft er seinen Kollegen an und fragt ihn danach. Während des Gesprächs mit seinem Kollegen macht Peter den Eindruck, als kapiere er überhaupt nichts mehr. Er gibt sich sichtlich viel Mühe, stellt verwirrende Fragen, man hat aber den Eindruck, dass Peter völlig den Überblick verloren hat.

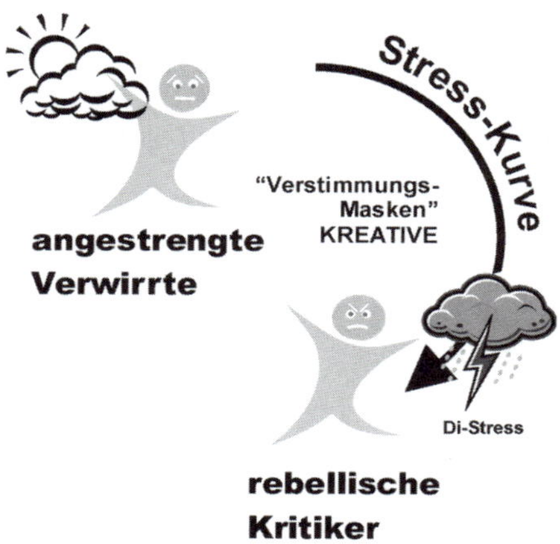

Typische Verstimmungs-Muster:

Aus dem kreativen Persönlichkeits-Stil mühen sich Personen ab und machen oftmals aus jeder alltäglichen Aufgabe eine riesige Herausforderung. Sie verwirren sich selbst und werden anderen gegenüber in ihren Aussagen immer unklarer (angestrengte Verwirrte).

Wenn diese Personen etwas nicht (tun) wollen, starten Sie verschiedene Verzögerungsmanöver. Sie werden zunehmend mürrisch und streitsüchtig. Sie selbst strengen sich zwar sehr an, es wirkt jedoch auf andere so, als ob sie vorsätzlich langsam arbeiten würden, denn sie tun es nach dem Motto: „Ich muss mich anstrengen und das auch zeigen, dann wird man mir das Problem schon abnehmen."

Häufig wissen sie nicht mehr, was sie tun sollen, bzw. was das zentrale Thema ist und es geht ihnen der Überblick verloren. Irgendwie sind sie nicht mehr in Kontakt mit Ihrer Umwelt.

Sie sind überzeugt, dass sie ihre Aufgaben besser erledigen als die anderen glauben. Dabei laden sie durch ihre Passivität oder Überdetailliertheit möglicherweise andere zu Kritik geradezu ein. Demonstrativ beklagen sie sich darüber, dass andere unsinnige oder gar unverschämte Forderungen an sie stellen. Sie reagieren mit übermäßiger Kritik, Verachtung oder blamieren andere. Sie lehnen jede Verantwortung ab und schieben sie auf andere (rebellische Kritiker).

Über Gefühlsausbrüche versichern sie sich, ob ihr Umfeld mit ihnen noch in Kontakt ist und befürchten, dass sie niemand mehr versteht oder ihnen zuhört.

Umgang mit Verstimmungsmustern aus dem kreativen Persönlichkeits-Stil:

Kreative brauchen zunächst Kontakt mit Ihnen über einen humorvollen und scherzhaften Verhaltensumgang mit ihnen (ohne sie damit abzuwerten. Dazu eignet sich am besten der humorvoll-kreative Kommunikations-Stil mit dem Sie zunächst über Verhalten und Handlungen sprechen können.

Sie zeigen Verstimmungs- und Stressmuster aus dem kreativen Persönlichkeits-Stil - was können Sie tun?

Möglicherweise gehen Sie davon aus, dass Sie sich unter Druck sehr anstrengen und das auch zeigen müssen, dann werden andere kommen und Ihnen das Problem abnehmen.	*Lernen Sie selbst dafür zu sorgen, dass Sie sich emotional gut fühlen. Lernen Sie bei der Lösung anstehender Probleme Ihre Möglichkeiten im Hier und Jetzt zu nutzen. Lernen Sie realistische Ziele zu stecken und diese in kleine Teilziele zu unterteilen. Lernen Sie, dass Sie Ziele (und Teilziele) auch ohne übertriebene Anstrengung erreichen können.*

Verlauf der Verstimmungs-Muster aus dem aktiven Persönlichkeits-Stil:

Beispiel:

Christian führt gerade ein Beratungsgespräch mit einem Kunden durch. Da er in diesem Gespräch nur mühsam vorwärts kommt, verliert er plötzlich das Interesse und wendet sich einem anderen (erfolgversprechenderen) Kunden zu. Dem Kunden, den er gerade beraten hat, drückt er lediglich ein Prospekt mit dem knappen Hinweis in die Hand, dass er sich bei Fragen an den Kollegen werden soll. Als ihn der Verkaufsleiter darauf anspricht, weist er schroff darauf hin, dass er lieber darauf achten soll, dass der Kollege bei seinem Beratungsgespräch rascher abschließt!

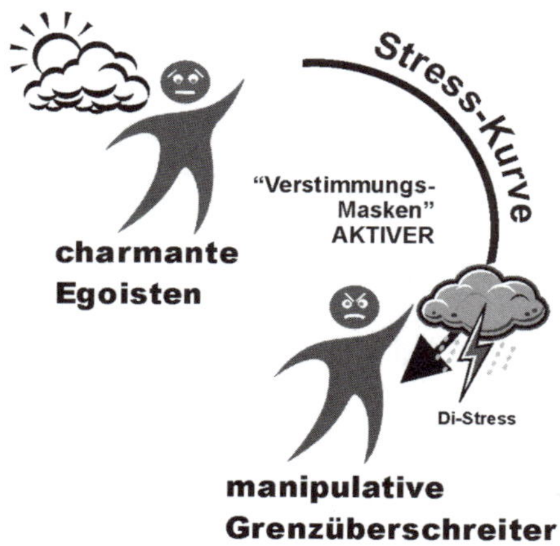

Typische Verstimmungs-Muster:

Aus dem aktiven Persönlichkeits-Stil neigen Personen unter Stress dazu, Verantwortung charmant abzuschieben und die Bedürfnisse und Gefühle anderer zu übergehen - der Wunsch nach Erregung und Aufregung steht im Mittelpunkt ihres Handelns (charmante Egoisten).

Sie fangen an, andere zu manipulieren, entweder durch Verführungsversuche oder auch mit „Druck". Sie sind „Experten" in der Bearbeitung anderer, um das zu bekommen, was sie wollen. Sie geben sich nach außen stark und übersicher. Von sich selbst und ihren Fähigkeiten haben sie zumeist eine zu hohe Meinung und werden selbstbezogen, verhärtet und fast verantwortungslos bei der Erreichung ihrer eigenen Vorteile.

Die Beziehungen zu anderen sind ihnen oft gleichgültig. Sie bleiben auf Distanz und reagieren auf andere, die in ihren Augen schwach sind, verächtlich oder auch herausfordernd.

Sie lieben heiße Diskussionen und verwickeln dabei ihre Gesprächspartner in Widersprüche und beweisen ihnen damit die Grenzen deren Kompetenz.

Unter starkem Stress haben Sie nur noch eine geringe Frustrationstoleranz, werden impulsive Grenzüberschreiter, wobei sie oft alles auf eine Karte setzen und dabei häufig ein übertriebenes Risiko eingehen. Sie können nicht mehr vorausschauend planen, setzen nur mehr auf unmittelbare Erfolge und Profite und es geht ihnen zumeist das übergeordnete Ziel verloren. Sie sind nicht mehr bereit, Verantwortung für sich und ihr Verhalten zu übernehmen und werden hart und rücksichtslos. Manche von ihnen nehmen es auch mit der Wahrheit nicht mehr so genau und werden meisterhaft im Finden von Ausreden und Planen von Neuanfängen. Sie zeigen keine Gewissenbisse und rechtfertigen alles durch ihr Handeln. Sie schieben die Verantwortung auf andere ab und versuchen Aufgaben und Probleme, verstärkt durch Manipulation, Intrigen und Tricks, zu lösen (manipulative Grenzüberschreiter).

Umgang mit Verstimmungsmustern aus dem aktiven Persönlichkeits-Stil:

Diese Personen brauchen zunächst ihre Bühne und ihren Auftritt - sie holen sich darüber jenes Maß an Aufregung, die sie als Energiequelle für ihre Bedürfnisse benötigen. Sprechen Sie Aktive sachlich, aber bestimmt und selbstbewusst an. Dazu eignet sich am besten der direktiv-handlungsorientierte Kommunikations-Stil. Sie können mit ihnen über rasches gegenwärtiges oder künftiges Tun oder Aktionen sprechen. Vermeiden Sie mit ihnen eher sachlich rationale Diskussionen.

Sie zeigen Verstimmungs- und Stressmuster aus dem aktiven Persönlichkeits-Stil - was können Sie tun?

Möglicherweise gehen Sie davon aus, dass Gefühle und Bindung in einer Leistungsgesellschaft im Wettbewerb mit anderen eher nachteilige Auswirkungen haben.	*Lernen Sie Gefühle, Nähe und Bindung zuzulassen und als eine wertvolle Ressource im täglichen Wettbewerb zu schätzen. Damit werden Sie die Erfahrung machen, dass Sie nicht jeder ausnutzt oder Ihnen schaden will, wenn Sie auch einmal eine Schwäche zeigen. Reduzieren Sie übertriebenen Wettbewerb und setzen Sie eher auf Spiel als auf Kampf.*

Verlauf der Verstimmungs-Muster aus dem ruhigen Persönlichkeits-Stil:

Beispiel:

Ein Kunde reklamiert verärgert bei Horst telefonisch eine ausstehende Lieferung. Während der Reklamation zeigt Horst wenig Emotionen und Gefühle. Nachdem der Kunde aufgelegt hat, zieht sich Horst schweigend zurück und - statt die Reklamation zu erledigen - wartet er passiv ab und unternimmt nichts.

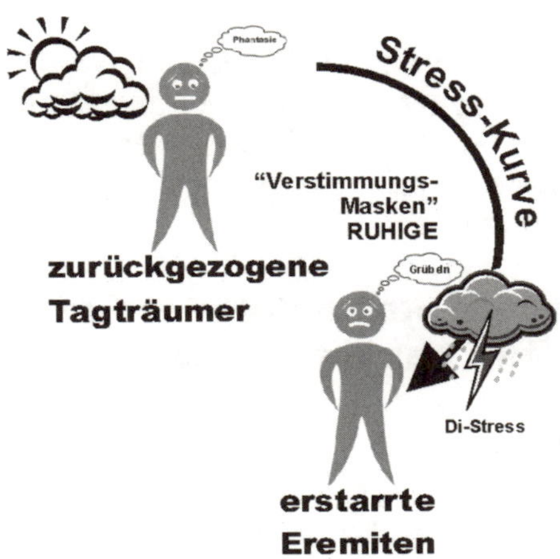

Typische Verstimmungs-Muster:

Aus dem ruhigen Persönlichkeits-Stil ziehen Personen sich zunehmend zurück, werden passiv und vermeiden aktives Handeln und hören auf, ihre Aufgaben und Probleme zu lösen. So oft wie möglich ziehen sie sich in ihre Tagträume zurück. Übt man Druck auf sie aus, werden sie nur noch passiver (zurückgezogene Tagträumer).

Sie geben sich im Kontakt mit anderen kühl und zurückhaltend. Sie zeigen keine Gefühle mehr und tun so, als ob sie ganz stark seien.
Sie „beißen die Zähne zusammen“ und nehmen ihre inneren Signale von Überarbeitung, nachlassender Energie und Schwäche nicht mehr wahr.

Häufig grübeln sie und haben Angst, das Leben nicht mehr zu bewältigen. Sie vertrauen fast niemandem mehr und wirken dadurch auf andere möglicherweise exzentrisch, eigenbrötlerisch und erstarrt (erstarrte Eremiten).

Oftmals befürchten sie, im Kontakt mit anderen nur kritisiert zu werden oder auf ihre Gefühle angesprochen zu werden.

Umgang mit Verstimmungsmustern aus dem ruhigen Persönlichkeits-Stil:

Diese Personen brauchen zunächst klare Verhaltensvorgaben, da sie in ihrem Verhalten blockiert sind. Dazu eignet sich der direktiv-sachliche Kommunikations-Stil am besten. Dazu sprechen Sie besten an, was getan wurde bzw. was als nächstes getan werden sollte. Fordern Sie dazu Ruhige wertschätzend aber bestimmt zu konkretem Verhalten oder konkreten Handlungen auf. Vermeiden Sie zu viel Aufregung, Mannigfaltigkeit und Strukturlosigkeit, da sie den Stress bei Ruhigen vergrößern können.

Sie zeigen Verstimmungs- und Stressmuster aus dem ruhigen Persönlichkeits-Stil - was können Sie tun?

Möglicherweise vermeiden Sie immer wieder Emotionen und menschliche Nähe, aus Angst enttäuscht zu werden. Sie sind vielleicht überzeugt davon, wenn Sie keine Gefühle zeigen und stark sind, dass Sie damit von anderen akzeptiert werden.	*Lernen Sie schrittweise Gefühle und mehr Nähe zuzulassen. Sprechen Sie Gefühle aus und an. Akzeptieren Sie Ihr Bedürfnis nach Alleinsein und teilen Sie Ihrer Umwelt mit, dass Ihr teilweiser Rückzug nicht gegen sie gerichtet ist, sondern eine wichtige Energiequelle für Sie ist. Lernen Sie Ihr Grübeln aufzugeben und stattdessen Ihre Fähigkeit zu denken für die aktive Lösung von anstehenden Problemen zu nutzen.*

Tabelle für Schnellleser:

Persönlichkeits-Stil	Verstimmungs-Masken unter Stress	Verhaltens-Muster	Was können Sie tun? Was sollten Sie vermeiden?
 **Analytisch**	Unter leichtem Stress: **„zwanghafte Perfektionisten“** Unter starkem Stress: **„überverantwortliche Überkontrollierer“**	zwanghaft überhöhte Selbsterwartung übertriebenes Interesse an Details Sie wollen das Denken nun selbst in die Hand nehmen („Ich kann das besser!“), beginnen penibel und stur zu überkontrollieren.	Setzen Sie den „sachlich-analytischen Kommunikations-Stil“ ein. Die Falle bei Analytikern ist offene oder verdeckte Kritik an ihrem Verhalten. Da sie sehr selbstkritisch sind, führt das eher zu einer Verstärkung ihres Stressverhaltens. Neben dem passenden Kommunikations-Stil benötigen Analytiker Anerkennung für ihre Fähigkeit, klar zu denken, um wieder die innere Balance zu gewinnen.

Persönlichkeits-Stil	Verstimmungs-Masken unter Stress	Verhaltens-Muster	Was können Sie tun? Was sollten Sie vermeiden?
 **Einfühlsam**	Unter leichtem Stress: **„aufopfernd Überangepasste“** Unter starkem Stress: **„mutlos Klagende“**	passen sich übermäßig an und versuchen, es allen recht zu machen machen immer mehr Fehler und verlieren die Übersicht	Setzen Sie den „einfühlsam-fürsorglichen Kommunikations-Stil“ ein. Die Fallen bei Einfühlsamen sind offene oder verdeckte Kritik, sowie Verhaltensanweisungen. Sie würden das als Ablehnung ihrer Person werten und sich (klagend) zurückziehen. Neben dem passenden Kommunikations-Stil benötigen sie Anerkennung ihres Fühlens („Ich merke, es ist nicht angenehm für Sie, dass....).

Persönlichkeits-Stil	Verstimmungs-Masken unter Stress	Verhaltens-Muster	Was können Sie tun? Was sollten Sie vermeiden?
 **Werte-orientiert**	Unter leichtem Stress: **„misstrauische Skeptiker“** Unter starkem Stress: **„belehrende Bewahrer“**	erwarten fehlerfreie Menschen in ihrem Umfeld und stellen kritische Fragen Sie sehen überall nur mehr Fehler, verlieren das Vertrauen und beginnen, andere unbeugsam und kritisch zu belehren.	Setzen Sie den „sachlich-werteorientierten Kommunikations-Stil“ ein. Die Falle bei Werteorientierten ist offene oder verdeckte Kritik an ihrem Verhalten, da sie ihrem Grundbedürfnis nach Wichtigkeit und Bedeutung widerspricht. Da sie auf eigene Macht Wert legen, besteht die Gefahr eines Machtkampfes.

Persönlichkeits-Stil	Verstimmungs-Masken unter Stress	Verhaltens-Muster	Was können Sie tun? Was sollten Sie vermeiden?
 **Kreativ**	Unter leichtem Stress: **„angestrengt Verwirrte“** Unter starkem Stress: **„rebellische Kritiker“**	strengen sich an, trotz heftiger Bemühungen geht ihnen aber der Überblick verloren Sie können das zentrale Thema nicht mehr erkennen und suchen die Fehler bei anderen, die sie beschuldigen oder blamieren.	Setzen Sie den „humorvoll-reaktiven Kommunikations-Stil“ ein. Die Falle ist bei Kreativen ein sachlich-informativer Kommunikations-Stil, da sie unter Stress ihr Denken als Abwehrstruktur verwenden. Sie verwickeln dann andere in heiße Diskussionen, in denen sie jeden beliebigen Standpunkt vertreten.

Persönlichkeits-Stil	Verstimmungs-Masken unter Stress	Verhaltens-Muster	Was können Sie tun? Was sollten Sie vermeiden?
 **Ruhig**	Unter leichtem Stress: **„zurückgezogene Tagträumer“** Unter starkem Stress: **„passive Eremiten“**	zeigen keine Gefühle, und ziehen sich immer mehr zurück vermeiden Probleme zu lösen und warten passiv ab	Setzen Sie den „sachlich-direktiven Kommunikations-Stil“ ein. Die Falle ist ein Kommunikationsangebot auf der Gefühlsebene, da Ruhige damit wenig anfangen können. Es ist für sie ängstigend und führt zu Kontaktabbruch. Neben dem passenden Kommunikations-Stil benötigen sie ruhige und klare Verhaltensvorgaben und die Möglichkeit, Aufgaben alleine und zurückgezogen anzugehen.

Persönlichkeits-Stil	Verstimmungs-Masken unter Stress	Verhaltens-Muster	Was können Sie tun? Was sollten Sie vermeiden?
 **Aktiv**	Unter leichtem Stress: **„charmante Egoisten"** Unter starkem Stress: **„manipulative Intriganten"**	ziehen plötzlich die Unterstützung für andere zurück und erwarten, dass diese stark sind und für sich selbst sorgen Sie manipulieren, schieben die Verantwortung auf andere ab und versuchen, durch Tricks ihre Ziele zu erreichen.	Setzen Sie den „direktiv-aktiven Kommunikations-Stil" ein. Die Falle ist ebenso wie beim Kreativen der sachlich- informative Kommunikations-Stil, da sie unter Stress diskutieren und dabei versuchen, den Gesprächs-Partner in Widersprüche zu verwickeln. Sie beweisen ihm damit die Grenzen seiner Kompetenz. Neben dem passenden Kommunikations-Stil benötigen sie Mindestvorgaben und etwas Wettbewerb.

Psychologische Spiele

Kompensation von unbefriedigten Bedürfnissen

Im Alltag bestimmen oft die drei nachstehenden negativen Grundeinstellungen das Geschehen:

In diesen Fällen kommt es dann zu einer problematischen Übertreibung oder Abwertung eigener oder fremder Stärken. Personen mit negativ ausgerichteten Grundeinstellungen neigen dazu, sich mit anderen Gesprächspartnern in verhängnisvolle Rollensituationen zu manövrieren. In der Transaktionsanalyse werden sie als „psychologische Spiele“ bezeichnet.

Psychologische Spiele (*Eric Berne - Spiele der Erwachsenen 1967*) haben insofern einen verführerischen Charakter, als ein oder mehrere Spieler dabei eine bestimmte Rolle einnehmen, durch die die andere dazu eingeladen werden (sollen), die komplementäre (ergänzende) Rolle einzunehmen. Spiele laufen nach einem bestimmten Drehbuch ab, wie in einem Drama. Es gibt Spielregeln und verschiedene Rollen. Jeder Mitspieler nimmt eine bestimmte Rolle ein, wobei im späteren Verlauf mindestens einer der Spielpartner die Rolle wechselt. Häufig können diese Spiele auch mit bekannten Gesellschaftsspielen (Fang den Hut, Mensch ärgere dich nicht, Rage...) oder bekannten Filmdramen (Rosenkrieg...) oder einem Comic (Asterix und Obelix) verglichen werden.

Opfer/Objekt:
(aus der Grundeinstellung: -/+ ich bin weniger wert als du)

Personen in der Opferrolle sind von der eigenen Hilflosigkeit und Unfähigkeit (und damit als Objekt eines übermächtigen Geschehens) fest überzeugt. Die anderen sind stark und lebenstüchtig und sollen ihnen bei der Lebensbewältigung helfen und Verantwortung übernehmen. Oder sie sind schuld an ihrem Elend, weil sie so unbarmherzig und verständnislos sind.

In der Opferrolle verhält sich die Person so, dass es ihr immer schlecht geht. Sie gibt vor, dass ihr die Kraft zum Problemlösen fehlt. Sie vermittelt den Eindruck, dass sich andere ändern müssen, damit sie sich wohl fühlen können. Es hat den Anschein, als würden ihr andere Personen übel mitspielen und sie sich klein, dumm und unterlegen fühlen muss. Diese Bedürftigkeit hält sie vom Lösen der Probleme ab.

Retter/Ratgeber:
(aus der Grundeinstellung: +/- ich bin mehr wert als du)

Trotz der positiv scheinenden Rolle ist ihre Grundeinstellung keineswegs positiv. Die Person agiert oft aus einer übersteigerten fürsorglichen Haltung heraus. Sie betrachtet andere als nicht OK oder etwas unter ihr stehend. Aus einer überlegenen Grundhaltung (+/-) heraus, bietet sie anderen (meist ungebeten) Hilfe an. Sie stellt an sich den Anspruch, alle Last der Welt - auch ungebeten - tragen zu müssen (und auch zu können). Sie übernimmt das Denken und Problemlösen für andere. Sie geht davon aus, dass andere zwar lieb und nett, aber ohne sie hilflos sind.

Verfolger/Verbesserer:
(aus der Grundeinstellung: +/- ich bin mehr wert als du)

Der Verfolger empfindet andere Menschen leicht als unter ihm stehend und sowieso nicht OK. Sie können ihm also nicht das Wasser reichen. Er geht davon aus, dass nur er Recht hat und die anderen unfähig sind. Er setzt andere herab, belehrt, verletzt oder kritisiert sie. Er begegnet anderen Personen mit vorwurfsvollem und zurechtweisendem Verhalten. Steven Karpmann entwickelte das Modell des Drama-Dreiecks, das die sozialen Rollen (äußerlich sichtbar) darstellt. Der jeweilige Rolleninhaber versucht dabei, passende Mitspieler zu finden oder andere Personen in eine Rolle zu bringen, die seine ergänzt. Damit kann das Spiel seinen Lauf nehmen. Die Pfeile verdeutlichen die möglichen Rollenwechsel.

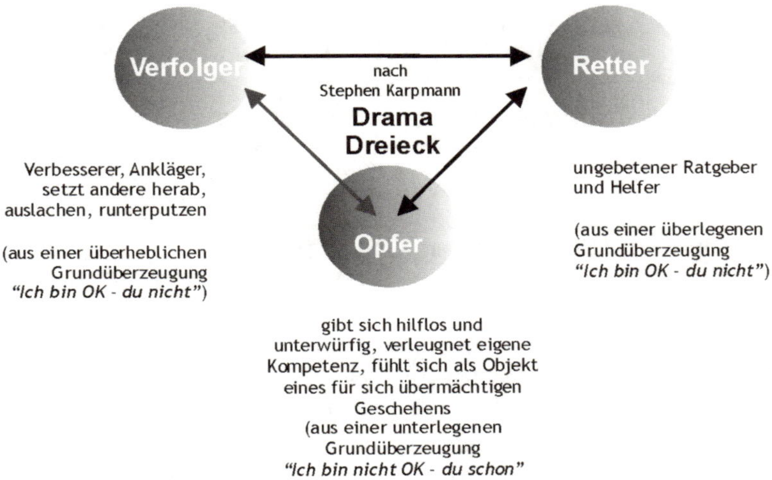

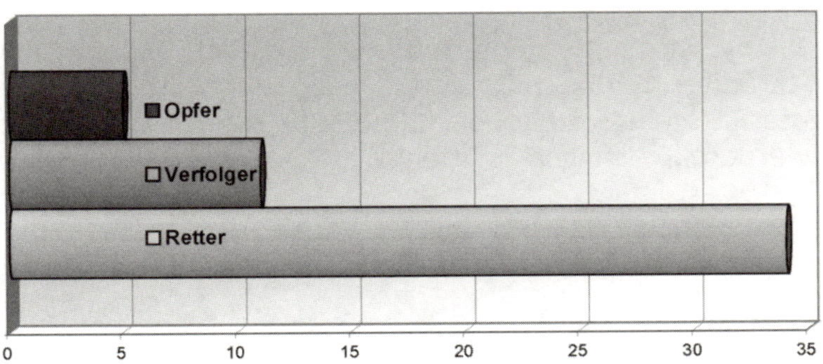

Dieses Diagramm bildet ab, welche Rolle eine Person im Alltag - im Verhältnis zu anderen - bevorzugt einsetzt. Die Balkenlänge gibt Hinweise auf eine mögliche „Spielanfälligkeit“ dieser Person aus der jeweiligen Rolle.

(SIZE Prozess® Persönlichkeits-Profil)

Beispiel:

Mitarbeiter: *„Das ist alles kompliziert, ich weiß nicht, wie diese Preise zu kalkulieren sind („Opfer-Köder“).“*

Abteilungsleiter: *„Das ist ganz einfach, ich zeige Ihnen ein einfaches Kalkulationsbeispiel („Retter“).“*

Mitarbeiter: *„Ja, das sieht so einfach aus und wenn ich alleine bin, kenne ich mich erst recht wieder nicht aus („Opfer“).“*

Abteilungsleiter: *„Ich gebe Ihnen eine schriftliche Aufstellung, wie diese Preise zu kalkulieren sind („Retter“).“*

Mitarbeiter: *„Ja, das wäre eine Möglichkeit. Aber auch die letzte Aufstellung, die Sie mir mitgegeben haben, war unbrauchbar. (Opfer - Wechsel in den „Verfolger“). Die Beschreibung war einfach zu kompliziert.“*

In diesem Dialog wird eine „Spieltendenz“ deutlich. Zuerst zeigt sich der Mitarbeiter hilflos („Opfer“), wobei der Abteilungsleiter versucht, gute Ratschläge zu geben („Retter“), die letztlich jedoch abgewehrt werden („Verfolger-Position“).

Verlauf von psychologischen Spielen:

Nach *Eric Berne* durchläuft jedes Spiel eine Folge von sechs Phasen:

1. Einladung/Köder:

Jedes Spiel beginnt mit einer Einladung, die einem anderen Spielpartner angeboten wird. Sie ist gekoppelt an eine Über- oder Untertreibung der eigenen Fähigkeiten oder der eigenen Bedeutung. Zumeist schwingt im Angebot eine verdeckte Botschaft mit.

2. Anbeißen (Spielinteresse):

Die unheilvolle Einladung gelingt natürlich nur, wenn der andere anbeißt. Reagiert die andere Person also auf die verdeckte Botschaft, hat sie damit in der Regel das Spielangebot angenommen. Das wird nur dann gelingen, wenn der Gesprächspartner für derartige Hölzchen oder Einladungen, aufgrund seiner gelernten Verhaltensmuster, empfänglich ist.

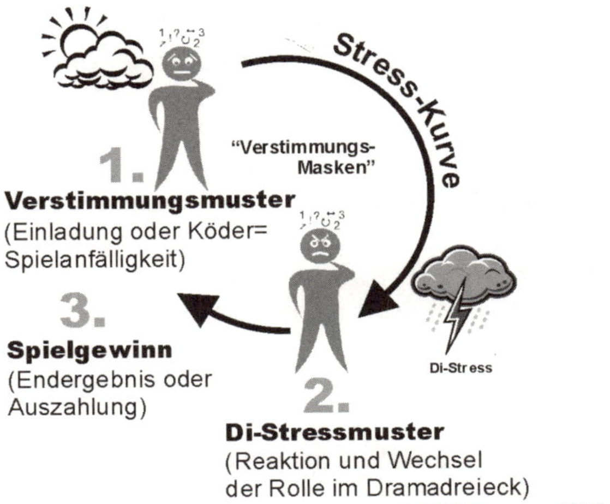

© SIZE Prozess 2007

3. Antwort (Reaktion):

Die nun folgende Gesprächsentwicklung lässt eine offene Gesprächsentwicklung nicht zu. Die Kommunikation erweckt nun fast immer den Eindruck, als würden die beiden Gesprächspartner aneinander vorbeireden, und/oder wesentliche Teile des Problems oder der Wirklichkeit ausblenden.

4. Überraschender Rollenwechsel:

Im nächsten Schritt erfolgt ein überraschender Rollenwechsel, mit dem der reagierende Gesprächspartner in dieser Form zumeist nicht zurechtkommt.

5. Moment der Perplexität:

Dieser Kippeffekt führt zu einer Verwirrung oder Verblüffung, da der Rollenwechsel überraschend kommt oder eine Äußerung enthält, die man nicht vermutet hatte. D.h., die zuerst im Gespräch verdeckt gehaltene „Katze wird aus dem Sack gelassen".

6. Endergebnis/Auszahlung:

Das Endergebnis oder die Auszahlung besteht in einem unangenehmen Gefühl (auch Überlegenheitsgefühle gehören dazu). Mit diesem Gefühl werden auch Gedanken aktiviert, die die Ansichten über sich selbst, andere und die Welt, bzw. das Leben bestätigen (***„Ich habe ja gewusst, dass sie mich nicht mögen, dass ich es nicht schaffen werde, dass das Leben gefährlich ist und dass man niemandem trauen darf.***").

Spiele mit zwei oder mehreren Spielpartnern:

Ebenso können mehrere Personen wechselweise Rollen im Spiel übernehmen und das Spiel erweitern, verlängern oder zu Ende bringen.

Konsequenzen von psychologischen Spielen im privaten und beruflichen Alltag:

- Misskommunikation (aneinander vorbeireden)
- Energieverluste (Energie wird für Spiele verbraucht und fehlt für effektive Lösungen und Entscheidungen)

Fehler und mangelnde Effizienz

Negatives Image....

Psychologische Spiele haben keinen positiven Ausgang und werden trotzdem immer wieder inszeniert. Viele Personen haben ihre Lieblingsrolle(n), mit denen sie Spiele selbst inszenieren oder sich auch ködern lassen. Personen mit der Neigung für die Opferrolle weigern sich häufig, die Verantwortung für sich zu übernehmen. Retter hingegen tendieren dazu, andere Personen in einem Abhängigkeitsverhältnis zu halten. Verfolger halten konsequent an der Vorstellung fest: „Wer nicht überlegen ist, ist unterlegen!“

Auswege aus dem Drama-Dreieck:

- Achten Sie darauf, dass Sie mit Gesprächspartnern gut in Kontakt kommen („auf eine gemeinsamer Wellenlänge achten“).
- Achten Sie darauf, dass Sie mit dem bevorzugten Kommunikations-Stil Ihres Gegenübers übereinstimmen.
- Geben Sie anderen in ausreichendem Maß jene positive Zuwendung, die zu ihrem Persönlichkeits-Stil passt.
- Nehmen Sie eine übergeordnete Ebene ein und betrachten Sie die „Welt“, d.h. Situationen, so realistisch wie möglich.
- Lernen Sie Ihre „Lieblingsrolle“ kennen, mit der Sie in Spiele eintreten und nehmen Sie künftig „Spieleinladungen“ nicht an.
- Sprechen Sie entweder verdeckte Botschaften (verdeckter Appell) an oder reagieren Sie nur auf den offenen „Sachinhalt“.
- Hören Sie auf, eigene oder fremde Stärken zu übertreiben.
- Geben Sie sich selbst die Erlaubnis, so zu sein, wie Sie sind.

ÜBUNG:
Reflexion zu meinen Stressmustern:

Notieren Sie für sich:

Wenn ich in Stress gerate, dann...

...fühle ich mich:

...denke ich über mich:

...verhalte ich mich mir gegenüber:

...verhalte ich mich anderen gegenüber:

...passiert am Ende häufig Folgendes:

Tabelle für Schnellleser: „Psychologische Spiele“

Rollen	Charakteristika	Grundposition	Häufige Spielanfälligkeit
Verfolger	Anklagen, Zurechtweisung, Vorwürfe, Herabsetzung, Auslachen	Ich bin mehr wert als du. Ich bin der Spezilist und weiß, was für andere gut ist. Ich bin der Maßstab und die anderen sind unfähig. **+/-**	Analytiker, Werteorientierte, Aktive, Kreative
Retter	Hilfeleistung aus einer überlegenen Grundüberzeugung und ohne darum gebeten worden zu sein; für den anderen einspringen; Trost spenden mit Ratschlägen; häufig überssteigertes Harmoniebedürfnis.	Ich bin mehr wert als du. Sie schaffen es nur, wenn ich Ihnen helfe und gute Ratschläge gebe. Alleine und ohne mich sind Sie unfähig. **+/-**	Analytiker, Werteorientierte, Einfühlsame

Rollen	Charakteristika	Grundposition	Häufige Spielanfälligkeit
Opfer	Unterwürfigkeit, Schuldbekenntnis, Hilflosigkeit, Abhängigkeit, Schüchternheit, Unwissenheit, Unterwürfigkeit	Ich bin weniger wert als du. Ich bin klein und anderen unterlegen (und damit Opfer eines übermächtigen Geschehens). Es geht mir immer schlecht - andere sind schuld an meinem Elend - sie sollen mithelfen und Verantwortung für mich übernehmen. **-/+**	Einfühlsame, Ruhige

Formung der Persönlichkeit

Wie sind wir geworden, wie wir sind?

Paul ist Gast bei einer Geburtstagsfeier. Er steht etwas abseits und beobachtet das bunte Treiben. Sein Blick schweift von einer Person zur anderen und interessiert beobachtet er die unterschiedlichen Persönlichkeiten. Alte und Junge, Schnelle und Langsame, alleine und in Begleitung... alles unterschiedliche Persönlichkeiten, denkt er sich. Wie die wohl alle so geworden sind, wie sie heute sind? Welche Einflüsse mögen da eine Rolle spielen? Ob das alles nur die Erziehung ist, wie die Psychologen meinen? Oder doch angeboren? Oder beides? Beinahe hätte er überhört, dass ihm der Gastgeber gerade ein Glas Sekt angeboten hat, um mit ihm auf seinen Geburtstag anzustoßen. „He Paul, bist du mit deinen Gedanken immer noch bei deiner Arbeit, weil du so nachdenklich wirkst?" fragt der Gastgeber und grinst Paul an. „Ja, nein", entgegnet er, „ich beobachte nur gerne und es fasziniert mich, dass Menschen so unterschiedlich sind und sich so verschieden verhalten..., aber lass uns erst einmal auf deinen Geburtstag anstoßen."

Vielleicht fragen Sie sich aber manchmal, so wie Paul in unserem Beispiel, wie wir geworden sind, wer wir sind. Wie die verschiedenen Persönlichkeiten entstehen, ob man die Entwicklung möglicherweise auch durch Erziehung beeinflussen kann usw. Nun, eine wirklich endgültige Antwort auf diese Fragen können wir Ihnen hier nicht geben, weil wir sie nicht kennen, und die vermutlich niemand kennt. Was wir haben, sind Vermutungen und Hypothesen darüber, welche Einflüsse die Entwicklung der verschiedenen Persönlichkeiten beeinflusst haben können. In diesem Sinn - nämlich als Vermutungen, als Ideen oder als Erklärungshilfe, möchten wir die folgenden Beschreibungen verstanden wissen.

Wie kommt es zur Formung meiner Persönlichkeit?

Allgemein gibt es zwei unterschiedliche Annahmen.

Die eine: Unsere Persönlichkeit ist weitgehend durch Vererbung, d.h. durch genetische Faktoren vorherbestimmt.

Die andere: Unsere Persönlichkeit wird durch das Aufwachsen in einer bestimmten Umgebung so geprägt, dass es zur Formung typischer Persönlichkeitsmerkmale kommt. Speziell die Zeit bis zum sechsten Lebensjahr, unsere Erziehung und unsere Eltern bestimmen sehr stark über die Ausprägung unserer Persönlichkeit mit.

Eine weitere: Es ist eine Kombination aus beiden Faktoren, wobei die genetischen Faktoren vielleicht die Heranbildung des dominierenden Persönlichkeits-Stils primär beeinflusst, und das Aufwachsen in einer bestimmten sozialen Umgebung die übrigen Persönlichkeits-Stile hauptsächlich prägt.

Was davon richtig ist?

Für uns ist es gar nicht so wichtig, diese Frage hier zu beantworten. Möglicherweise liegt die „Wahrheit“ irgendwo dazwischen. Welche dieser Einflüsse sich dann prägend für uns auswirken, zu welchen Entscheidungen über uns, die anderen und die Welt wir dann kommen, wird wohl sehr individuell sein.

Einfühlsamer Persönlichkeits-Stil:

Die Entwicklung der Einfühlsamen-Persönlichkeit wird vermutlich begünstigt, wenn ein Kind mit empfindsamer und sensibler Veranlagung zur Welt kommt.

Die weitere Entwicklung wird verstärkt, wenn die Eltern oder Elternpersonen wenig Einfühlungsvermögen in die Bedürfnisse des Kleinkindes zeigen und das Kind nach einem starren Schema versorgt wird.
Es kann jedoch auch das Gegenteil sein: Das Kleinkind wird mit Zärtlichkeiten überschüttet und lernt nicht zu verzichten. Es kann die eigene Persönlichkeit nicht erproben und entfalten und bleibt von den Eltern abhängig. Manche Einfühlsamen erleben daher als Kinder ein intensives Gefühl der Abhängigkeit.

In der Zeit zwischen drei und sechs Jahren ist es die Entwicklungsaufgabe von Menschen, das Handeln vom Fühlen zu unterscheiden. Den Einfühlsamen ist es in ihrer Entwicklung schwer gefallen, diesen Prozess gut abzuschließen.

Manchmal haben die späteren Einfühlsamen in ihrer Entwicklung entschieden, ihre Gefühle so lange zu „eskalieren", bis der andere das tat, was sie wollten. Und wenn sie nicht erfolgreich damit waren, so bekamen sie auf jeden Fall eine Menge an Aufmerksamkeit.

Ein weiterer Aspekt in der Entwicklung der Einfühlsamen kann sein, dass sie wenig Zuwendung für ihr Denken oder Handeln bekamen. Sie bekamen Zuwendung für Brav-, Liebenswürdig, und Unterhaltsam- Sein. Ihr Denken und ihre Leistungen wurden möglicherweise nicht ernst genommen und abgewertet.

Einfühlsame haben in ihrer Entwicklung wahrscheinlich gelernt, sich eher als Mensch wertvoll zu fühlen, als für Handeln und Denken Zuwendung zu bekommen. Als Erwachsene erleben sie wieder, dass sie eher als liebenswürdig, denn als kompetent geschätzt werden.

Analytischer Persönlichkeits-Stil:

Analytiker kommen oft als Kinder mit ausgeprägter Vitalität zur Welt. Ihre Persönlichkeit entwickelt sich in der Zeit, in der das Kind beginnt, sich die Welt mit (Trotz-)Reaktionen anzueignen. Die Eltern haben auf das Verhalten des Kindes möglicherweise mit Ärger reagiert und mit Bestrafung versucht, dieses Verhalten einzugrenzen. Dadurch kam es zu einer Blockade des unbekümmerten Umganges mit der Welt durch den kleinen Analytiker.

Insgesamt wird ein eher strenger und harter Erziehungsstil mit starren Regeln die Entwicklung zum Analytiker fördern. Lebendige, aggressive, gestaltende und verändernde Impulse wurden zu früh und zu starr gedrosselt, bestraft oder unterdrückt.

Durch diese Erfahrungen haben die Analytiker möglicherweise gelernt, hart zu sich selbst zu sein. Sie vernachlässigen ihre Wünsche und Bedürfnisse und erleben keine Lebensfreude mehr.

Die Elternpersonen haben vermutlich Leistung sehr überbetont und die Anpassung des Kindes an ihre Erwartungen. Sie haben dem zukünftigen Analytiker immer weniger erlaubt, ein spontanes Kind zu sein. Das Kind ging in die Überanpassung an die Eltern, wurde rasch „erwachsen“ und verlor einen großen Teil des eigenen Kindseins.

Für die Entwicklung wäre es in dieser Phase notwendig gewesen die eigene Energie zu erleben und mögliche Grenzen auszutesten und zu lernen, eine Balance zwischen den elterlichen Erwartungen und den eigenen Wünschen herzustellen.

Die Analytiker haben sich in dieser Zeit dafür entschieden, perfekt zu sein, um dann gemocht und geliebt zu werden. Also Anerkennung für „Tun“ zu bekommen und nicht, sich „nur“ für die Existenz geliebt zu erleben. Sie haben gelernt, ihre Kind-Ich-Wünsche und -Bedürfnisse zu ignorieren. Als Erwachsene kann es sein, dass sie sich als kompetent, aber nicht als liebenswert erleben.

Werteorientierter Persönlichkeits-Stil:

Werteorientierte-Persönlichkeiten entstehen, ähnlich wie bei Analytischen, zu der Zeit, in der das Kind beginnt, sich die Welt mit (Trotz-)Reaktionen anzueignen. Das Kind erfährt viele starre Lebensregeln, die es von Eltern oder Elternpersonen verinnerlicht.

Werteorientierte haben eine typische Angst entwickelt, nämlich als unaufmerksam und unvorsichtig erwischt zu werden und tun alles, was sie können, um sich davor zu schützen.
Diese Angst kommt möglicherweise von Ereignissen, in denen sie als Kinder erleben mussten, wie ihre persönlichen Grenzen überschritten wurden, und sie sich nicht davor schützen konnten. Das kann unter anderem durch übermäßiges Füttern, tobende Eltern, Krieg, Naturkatastrophen oder medizinische Eingriffe gewesen sein.

Der notwendige Entwicklungsprozess in dieser Phase ist die Entwicklung von Vertrauen und festen, zuverlässigen Beziehungen. Werteorientierte haben diesen Entwicklungsschritt nicht ganz abgeschlossen. Ihre „Entscheidung“ als Kind war es, überwachsam zu werden, versuchen, sich und andere zu kontrollieren und anderen gegenüber zuerst grundsätzlich skeptisch und kritisch zu sein, um sich selbst sicher zu fühlen.

Kreativer Persönlichkeits-Stil:

Kreative werden oft als sehr wache, lebhafte Kinder geboren. Sie haben als Kind etwas Hinreißendes und Mitreißendes an sich. Sie sind aufgeschlossen und kreativ.

Sie stehen schnell im Mittelpunkt der Familie und bekommen viel Zuneigung und Aufmerksamkeit, ohne dass sie sich darum bemühen müssen oder etwas dafür zu leisten haben.

Häufig entsteht jedoch eine polarisierende Familienatmosphäre: Auf der einen Seite viel Zuneigung und auch Bewunderung für das Kind. Auf der andere Seite aber auch der Versuch der Eltern, das Kind zu „erziehen". Die Eltern des Kreativen waren unter Umständen sehr überkontrollierend, versuchten ständig, dem Kind die eigene Art und Weise, etwas zu tun, aufzudrängen. Sie erkannten nicht, dass das Kind die eigene Autonomie und eine eigene, stabile Identität entwickeln muss.

Die Entscheidung des Kreativen als Kind war es, nicht (mehr) den Anforderungen der Elternpersonen zu gehorchen, sondern ihr eigenes Ding zu tun. Daraus entstand möglicherweise ein Machtkampf, der eine wirkliche Autonomie und Loslösung von den Eltern verhindert hat. Und er gab eine Menge an Aufmerksamkeit und stellte eine Möglichkeit dar, auf indirektem Weg zu den Eltern zurück zu kommen.

Aktiver Persönlichkeits-Stil:

Die Entwicklung der Persönlichkeit des Aktiven ist mit ein Ergebnis des Versuchs des Kindes, in einer wettbewerbsorientierten Umgebung mit anderen zu konkurrieren, während diese anderen - meist die Eltern - gefühlsmäßig und/oder physisch nicht anwesend waren. Das Kind erlebte sich als nicht versorgt, nicht betreut und alleine.

Aktive „beschlossen" wahrscheinlich daher als Kind, zu überleben, indem sie von niemanden abhängig sein würden, und indem sie den „Wettkampf" gewinnen und es ihren Eltern schon noch zeigen würden. Sie lernten, hart zu sein und so zu handeln, dass sie das bekommen, was sie wollen - ohne Rücksicht auf andere mehr zu nehmen. Sie entwickelten Angst, sich auf andere einzulassen oder anderen zu vertrauen, weil „damals“ ihre Eltern auch nicht für sie da waren.

Ihre Lösung war es, alles zu bekommen, auf jedem Weg und selbst unverwundbar zu sein.

Da ihr Bedürfnis, geliebt und versorgt zu werden, nicht befriedigt wurde, lernten sie, möglichst alle anderen Bedürfnisse befriedigt zu bekommen.

Ruhiger Persönlichkeits-Stil:

Die Entwicklung des Ruhigen kann begünstigt werden, wenn das Kind mit einer sensiblen und „verwundbaren“ Persönlichkeit zur Welt kommt.

In den ersten Lebensmonaten muss das Baby sich selbst, andere Menschen und die Welt erfahren und begreifen. Daher ist eine gewisse Stabilität der Umgebung für die Orientierung des Babys erforderlich, damit es langsam mit ihr vertraut wird und Vertrauen fassen kann.

Ruhige haben diese Stabilität nicht in vollem Umfang erlebt. Es kann sein, dass das Kind einen Mangel an liebevoller Zuwendung und Versorgung erlebt hat. Oder aber auch eine Reizüberflutung und Überfürsorge. Manchmal kann es auch beides gleichzeitig sein.

Ein zu häufiger Wechsel der Bezugsperson, der Umgebung und der Sinneseindrücke kann ebenfalls zur Entwicklung der Persönlichkeit des Ruhigen beitragen. Insgesamt hat sich der Ruhige in der Kindheit als nicht ausreichend versorgt erlebt. Seine Eltern erschienen ihm möglicherweise völlig überfordert mit der Versorgung und so entschied er sich, die eigenen Bedürfnisse nicht mehr „anzumelden“ und besser stark zu sein, damit seine Eltern wieder okay werden.

Ruhige entschieden sich als Kind für die Gleichsetzung von ***„ohne Bedürfnisse sein, ist gut sein“***. Sie wurden überkritisch den eigenen Bedürfnissen und Wünschen gegenüber und entschieden sich, dass sie nur dann okay sind, wenn sie keine Bedürfnisse haben.

Ihre „Lösung“ war es, sich zurückzuziehen und zu versuchen, ihre Bedürfnisse in ihrer Phantasie zu befriedigen.

Jeder von uns hat wohl aus den obigen Beschreibungen selbst die ein oder andere Situation erlebt, ohne sofort und ausschließlich eine entsprechende Persönlichkeit zu entwickeln. Auch hier gilt: Diese Hypothesen sind „Landkarten" zur Orientierung der eigenen Entwicklung der Persönlichkeit.

Es gibt keine „richtigen" Erklärungen, sondern nur Vermutungen oder Annahmen, dass sowohl vererbte, genetische Merkmale, wie höchst individuelle Erfahrungen während der Zeit bis zum sechsten Lebensjahr uns, und die Entwicklung unserer dominierenden Persönlichkeiten, geprägt haben.

Entwicklungsphasen von Menschen

Wie wir uns im Leben verändern?

Hans von Sassen und Bernard Lievegoed (Basiskonzept TRIGON) teilen das Leben eines Menschen in verschiedene Phasen ein. Sie gehen in ihrer Beschreibung davon aus, dass jeder Mensch im Laufe seines Lebens biologische und soziale Phasen durchlebt, die durch bestimmte Aufgaben, aber auch Konflikte gekennzeichnet sind. Diese Phasen sind im Allgemeinen an das Lebensalter gekoppelt, dennoch gibt es individuelle Unterschiede.

Entwicklungsphasen und Übergänge:

Lievegoed (1979) geht in seinem Orientierungsrahmen von 7-Jahres-Phasen aus. Dazu gliedert er den Lebenslauf in vier Hauptphasen.

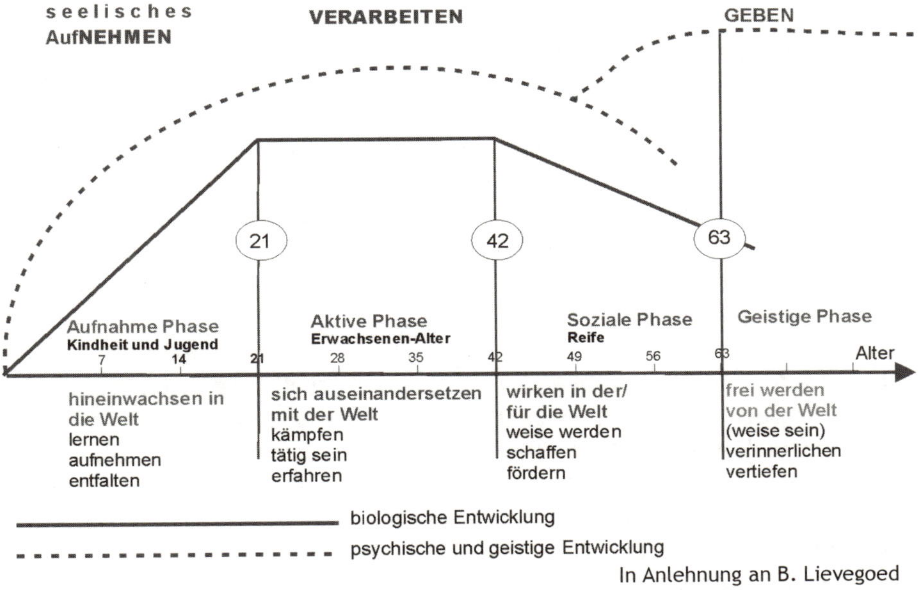

In Anlehnung an B. Lievegoed

An dieser Stelle bedanke ich mich Hans von Sassen, den ich noch in einem Seminar erleben durfte, sowie bei Mag. Wolf Döring und Dr. Werner Vogelauer, denen ich die theoretischen Grundlagen zu diesem Thema zu verdanken habe.

Der Einblick in die Chancen und Eigenarten dieser einzelnen Lebens- und Entwicklungsphasen eines Menschen kann es ermöglichen, eine spezifische Reife oder Unreife eines Menschen zu erkennen. Jede Lebensphase geht einher mit bestimmten Grundbedürfnissen, Einstellungen, Werten und Motiven. Es entwickeln sich aber auch bestimmte Fähigkeiten, bzw. eignet sich der jeweilige Lebensabschnitt besonders dazu, diese optimal zu entwickeln.

Die Jahreszahlen für die Übergänge zu Ihrer neuen aktuellen Entwicklungsphase sollten Sie nur als ungefähre betrachten. Je älter Sie werden, desto mehr werden sich die Übergänge individuell verschieben - bei einer Person kommen sie früher, bei anderen später.

Die Übergänge in eine nächste Phase sind oftmals einschneidend im Leben einer Person, manchmal gehen sie aber kaum bemerkbar ineinander über. Entwicklungsphasen können früher oder später eintreten, was zu typischen Lebensproblemen führen kann.

Aktueller Lebensabschnitt von Persönlichkeits-Stilen:
geänderte Bedürfnisse ändern Verhaltensstile im Alltag

Wenn Sie Menschen treffen, die Sie über einen längeren Zeitraum nicht gesehen haben, kann es sein, dass Sie feststellen, dass sich diese Personen in den gesamten Charakteristika ihres Auftretens verändert haben. Sie sind vielleicht offener und humorvoller geworden, vielleicht auch draufgängerischer als früher. Manche werden einfühlsamer oder vielleicht auch sachlicher. Vielleicht haben Sie mögliche Veränderungen in Ihrem Verhalten im Zusammenhang mit inneren Einstellungen, Werten und Bedürfnissen auch bei sich oder Ihrem Lebenspartner festgestellt.

SIZE Prozess geht davon aus, dass sich Einstellungen, Wertehaltungen und Bedürfnisse von Menschen nachhaltig ändern können. Ursachen dafür können die oben beschriebenen altersbedingten Entwicklungsphasen mit ihren typischen Eigenarten und möglicherweise begleitenden Lebensproblemen sein. Wir sagen dann, dass sich „der aktuelle Lebensabschnitt“ einer Person geändert hat und nun ein anderer Persönlichkeits-Stil im Alltag dominiert.

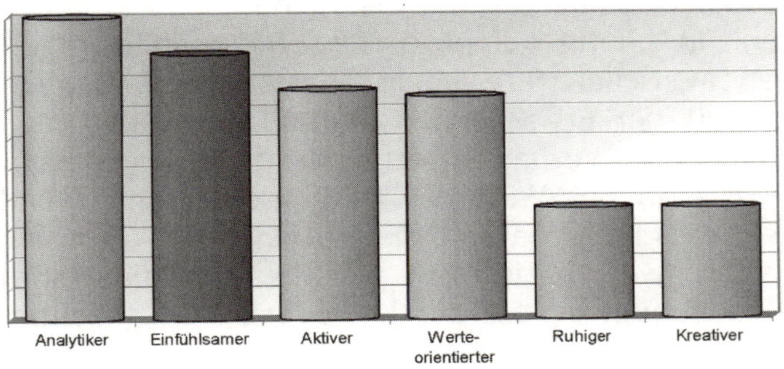

Beispiel einer Grafik aus SIZE Prozess® Persönlichkeitsprofil 2007

In den SIZE Prozess Persönlichkeitsprofilen ist der aktuelle Lebensabschnitt als dunkler Balken gekennzeichnet. Er kann identisch sein mit dem stärksten Persönlichkeits-Stil (z.B. in der Grafik Analytiker) oder sich verändert haben (z.B. in der Grafik Einfühlsamer). Veränderungen haben vor allem Auswirkungen auf die psychologischen Grundbedürfnisse. Wie in unserer Grafik ersichtlich, stehen bei dieser Person die Bedürfnisse aus dem einfühlsamen Persönlichkeits-Stil derzeit im Vordergrund. Die psychologischen Bedürfnisse aus dem analytischen Persönlichkeits-Stil werden damit nicht unwichtig, erhalten künftig aber eher eine nachrangigere Bedeutung. In der Folge ist anzunehmen, dass auch Wahrnehmung, Einstellungen, Werte, Motive und daraus resultierende Handlungen und Entscheidungen vom aktuellen Lebensabschnitt stark geprägt werden. Im aktuellen Lebensabschnitt entwickeln sich in der Regel auch bestimmte Fähigkeiten, Stärken und Talente bzw. sie können von dieser Person besonders gut entwickelt werden.

Der aktuelle Lebensabschnitt wird aber wahrscheinlich auch Auswirkungen auf die kurzfristigen Verstimmungs- und Stressmuster haben. Veränderungen des aktuellen Lebensabschnittes können im Leben einer Person mehrmals stattfinden und das Konzept der Entwicklungsphasen kann mögliche Hypothesen dazu liefern, warum das so ist.

Bedeutung der Entwicklungsphasen im beruflichen Alltag:

Bei diesen Ausführungen beziehe ich mich auf eine Zusammenfassung von Dr. Friedrich Glasl (TRIGON), der im Zusammenhang mit Personalpolitik interessante Überlegungen angestellt hat:

Mit etwa dem 18. Lebensjahr beginnt die Suche nach eigenen Werten und Idealen. In häufig kämpferischen Auseinandersetzungen erkunden jungen Menschen ihre höchst persönlichen Ideale. Sie überprüfen die Welt der Erwachsenen laufend auf Wahrhaftigkeit und Authentizität. Ist ihr Verhalten nicht bereits zu angepasst, äußern sie ihre Kritik an der Welt der Erwachsenen unumwunden. Dennoch könnte dieses Potenzial in Organisationen für Verbesserungen genutzt werden (was häufig nicht geschieht, da die Wahrnehmung noch wenig beeinflusst ist durch die Brille des nüchternen Pragmatismus Erwachsener).

Entwicklungsphase 21.-28. Lebensjahr:

Emotionalität und Engagement sind für diese Entwicklungsphase bezeichnend. Personen in dieser Phase wollen ihre Grenzen und Möglichkeiten im praktischen Leben erfahren - weniger durch verbale Ratschläge, als vielmehr durch eigenes Empfinden und Erfahren. Personen benötigen eine unmittelbare Resonanz auf die Erledigung ihrer Arbeit, damit die Auswirkungen ihres Handelns für sie persönlich spürbar werden.

Entwicklungsphase 28.-35. Lebensjahr:

Wurden in der vorangegangenen Phase konkrete Erfahrungen gewonnen, kann nun die Fähigkeit, realistisch zu planen, zur vollen Entfaltung kommen. Vor allem die Stärke des analytischen Persönlichkeits-Stils kann nun zumeist zur Entfaltung kommen. Die Möglichkeit, in die Denkwelt anderer einzudringen, ist hilfreich für die Erweiterung des eigenen Horizonts und der eigenen Flexibilität. Eigenverantwortliche Entwicklungsziele, die auf die Erfordernisse des Unternehmens abgestimmt sind, sind als Vereinbarung ebenso hilfreich, wie die Möglichkeit, selbst mitdenken zu können, der Zugang zu relevanten Informationen und die Möglichkeit, die eigene Kompetenz laufend zu erweitern.

Entwicklungsphase 35.-42. Lebensjahr:

Grenzen des eigenen Könnens und Seins sind nun bewusst geworden. Vieles geht jetzt von selbst von der Hand. Persönlicher Einfluss und Machtmittel werden nun zielorientiert eingesetzt. Eine gewisse Routine macht sich breit und erleichtert den Alltag und spielt auch ungenutzte Ressourcen frei, wobei der Wunsch entsteht, diese auch für neue Herausforderungen zu nutzen. Das eigene Denken und Tun wird nun oftmals selbstkritisch geprüft und an den eigenen Ansprüchen gemessen. Das Reflektieren von Sinn und Zweck der eigenen Tätigkeit kann die Frage nach den eigenen Lebenszielen nachdrücklich stellen.

Entwicklungsphase 42.-49-. Lebensjahr:

Das Hinterfragen der eigenen Lebensziele, sowie des bisher Erreichten, führt früher oder später zu latenter Unzufriedenheit mit sich selbst. Sinnfragen im beruflichen und privaten Leben drängen sich auf: Soll das so weitergehen bis zur Pension? Gibt es noch Neues zu erwarten? Bin ich nicht zu sehr fremdbestimmt? Diese Krise ist ganz natürlich und eine normale Entwicklung. Es geht primär um eine „innere Neuorientierung“ und hat häufig mit den äußeren Umständen wenig zu tun.

Konnte die Midlife-Crisis einigermaßen erfolgreich bewältigt werden, wird Energie für neue Aufbrüche frei. Das sind nicht primär äußerliche Veränderungen, sondern in erster Linie eine innerliche Neuorientierung, die häufig Energie für die Verwirklichung neuer Ziele frei macht. Es besteht oft der Wunsch, Leben und Arbeit neu zu gestalten. Bleibt diese expansive Neigung und das Streben nach Erfolg zu stark, kommt es zum Streben, wieder jung sein und es noch einmal woanders probieren zu wollen. Es kann zu erhöhter Aktivität kommen, um aufzufallen und dergleichen.

Entwicklungsphase 49.-56. Lebensjahr:

Diese Phase ist zumeist ruhiger und ausgeglichener als die vorangegangenen. Es besteht zumeist das Bedürfnis, aus Erkenntnissen und Einsichten in Zusammenhängen zu urteilen und zu entscheiden. All das ist das Gegenteil von Altersstarrsinn! Wird die Entwicklung dieser Phase behindert, zeigen sich deren Schattenseiten. Personen halten zwanghaft an ihren Normen fest, sichern sich über unantastbare Strukturen ihre Aufgaben und Befugnisse, predigen als kritische Bewahrer ihre Auffassungen, um anderen die Bedeutung ihrer Person deutlich vor Augen zu führen.

Entwicklungsphase 56.-63. Lebensjahr und darüber hinaus:

Diese Lebensphase kann eine Haltung der Selbstlosigkeit und die Orientierung am Wesentlichen bringen. Sie kann ein Gegengewicht zur Ich-Bezogenheit jüngerer Kollegen und Kolleginnen sein. Personen in dieser Phase wirken oft alleine schon durch ihre Präsenz oder durch gezielte Fragen zur richtigen Zeit.

Zeigen sich allerdings die Schattenseiten, wieder durch eine fortgesetzte Behinderung der Entwicklung in dieser Phase, kann der Unterschied zu den positiven Seiten dieses Entwicklungsabschnittes am deutlichsten sichtbar werden. Wurde mit Konkurrenz und Manipulation nicht der gewünschte Effekt erzielt, oder bereits die Akzeptanz und Anerkennung der Umgebung verspielt, kann es nun zu beharrlichem Festhalten an eigene Meinungen, Position, Macht usw. kommen.

Unternehmen werden in den nächsten Jahren vor der Herausforderung stehen, die Erhöhung des Lebensalters ihrer Mitarbeiter(innen) mit den Marktanforderungen und den betriebswirtschaftlichen Erfordernissen in Einklang zu bringen.

Personal Reteaming
und mein persönlicher SIZE Prozess

(Mit freundlicher Genehmigung von Wilhelm Gaisbauer-*Re*teaming Österreich)

1. Zukunftsreise:

Stellen Sie vor sich, dass ein oder zwei Jahre lang alles sehr gut für Sie läuft und Sie konnten Erkenntnisse aus dem SIZE Prozess Persönlichkeits-Profil und aus diesem Buch erfolgreich umsetzen. Schreiben Sie einem/einer Freund(in) einen Brief aus dieser "Guten Zukunft" und informieren Sie ihn/sie, wie Ihr Leben dort aussieht.

____

____

____

____

____

2. Veröffentlichen:

Zeigen Sie den Brief einer Ihnen nahe stehenden Person, zu der Sie Vertrauen haben.

3. Das Projekt und sein Name:

a) Finden Sie ein Ziel, das Ihnen hilft, zu der in Ihrem Brief beschriebenen Zukunft zu gelangen, und entscheiden Sie sich für ein Projekt, um dieses Ziel zu erreichen.

b) Geben Sie dann Ihrem Projekt einen coolen, fetzigen Namen.

____

____

____

____

____

____

4. Unterstützer:

Laden Sie einige Personen als Ihre Unterstützer ein. Wem könnten Sie von Ihrem Vorhaben erzählen und um Unterstützung und Hilfe bitten? Wen könnten Sie um Rat fragen? Mit wem könnten Sie Gedanken austauschen?

Notieren Sie deren Namen:

5. Der Nutzen/Gewinne:

Welchen Nutzen erwarten Sie für sich selbst und für andere von der Zielerreichung?

für sich selbst beruflich	für sich selbst privat	für andere, nahe stehende Personen	für das Team	für das Unternehmen

6. Optimismus:

Beantworten Sie die Frage, warum Sie glauben, gute Chancen für den erfolgreichen Abschluss Ihres Projekts zu haben.

____

Fragen Sie andere Personen, warum sie denken, dass Sie eine gute Chance haben ihr Projekt erfolgreich zu beenden.

____

7. Die Etappen zum Ziel:

Erstellen Sie die Fortschrittstreppe, auf der Sie sehen, was Sie bereits getan haben, was Ihr nächster Arbeitsschritt ist, was Ihr folgender Schritt sein wird und die Ihnen zeigt, was Sie in Ihrem Projekt bereits durchgeführt haben.

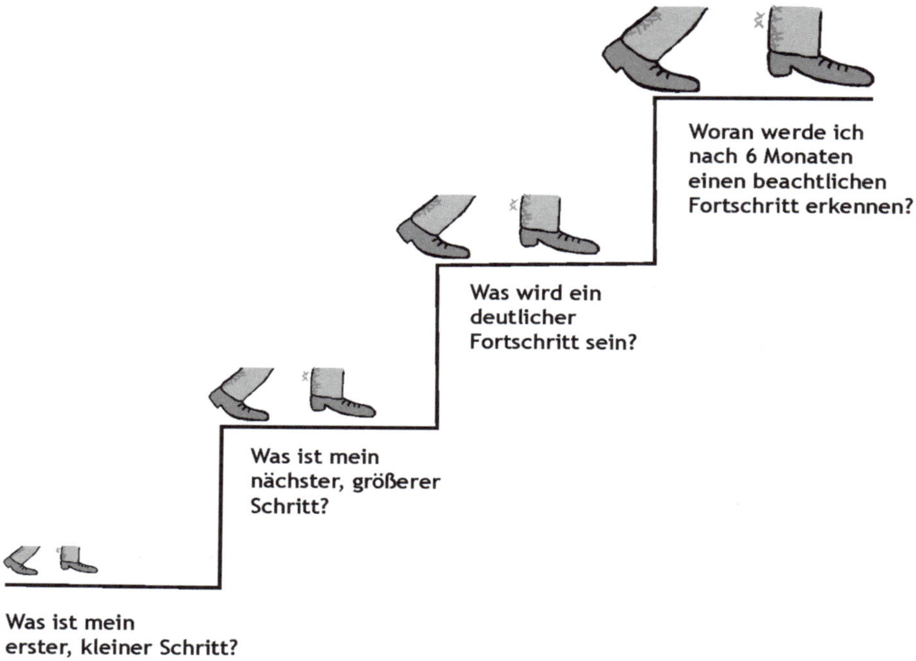

Literaturverzeichnis

Bardmann, M. Theodor; Lamprecht, Alexander; Systemtheorie verstehen; Gabler Verlag 1999

Barnes, G. et al.; Transaktionsanalyse seit Eric Berne, Band 2: Was werde ich morgen tun? Institut für Kommunikationstherapie, Berlin; 1980

Barnes, G. et al.; Schulen der Transaktionsanalyse, Theorie und Praxis; Verlag Harper & Row, New York 1977

Berne, Eric; Principles of Group Treatment; Oxford University Press, New York; 1966

Berne, Eric; Spiele der Erwachsenen; Rowohlt, Reinbek; 1967

Berne, Eric; Was sagen Sie, nachdem Sie guten Tag gesagt haben?; Kindler Verlag, München; 1973

Berne, Eric; Transaktionsanalyse der Intuition; Junfermannsche Verlagsbuchhandlung 1994

Berne, Eric; Transactional Analysis in Psychotherapy; Ballantine Book, New York, 1961, 1973

Berth, Rolf; Der Top-Manager von morgen; Gabler Verlag Wiesbaden; 1987

Berth, Rolf; Erfolg; Econ Verlag, Düsseldorf; 1993

Berth, Rolf; Aufbruch zur Überlegenheit; Econ Verlag, Düsseldorf; 1994

Buckingham, Marcus; Coffman, Curt; Erfolgreiche Führung gegen alle Regeln; Campus Verlag, Frankfurt; 2001

Buckingham, Marcus; Clifton, O. Donald; Entdecken Sie Ihre Stärken jetzt; Campus 2002

Clarkson, Petruska; Transaktionsanalytische Psychotherapie; Herder 1992

De Philipp, Wilfried; Systemaufstellungen im Einzelsetting; Carl-Auer 2006

Diagnostisches und Statistisches Manual Psychischer Störungen - DSM-III-R; Beltz Verlag, Weinheim; 1989

Döring, Wolf TRIGON; (Arbeitsunterlage zu lebensphasengerechtes Führen für Trainer Voest Alpine, Linz August 2004)

Dusay, John M.; Egogramm; Harper & Row, New York; 1977

Erikson, E.H.; Identität und Lebenszyklus. Frankfurt am Main; 1973

Geisbauer Wilhelm; Reteaming - Methodenhandbuch zur lösungsorientierten Beratung; Carl-Auer Verlag; Heidelberg 2004

Glasl Friedrich (Trigon); Lebensphasenbezogene Personalpolitik; Graz

Glasl Friedrich; Lievegoed Bernard; Dynamische Unternehmensentwicklung; Bern, Stuttgart, Wien

Hagehülsmann, Ute und Heinrich; Menschen im Spannungsfeld ihrer Organisation; Junfermann Verlag; Paderborn; 1998

Hennig, Gudrun; Pelz, Georg; Transaktionsanalyse - Lehrbuch für Therapie und Beratung, Herder Verlag, Freiburg; 1997

Hochreiter, Gerhard; Choreografie von Veränderungsprozessen; Carl Auer Verlag; Heidelberg, 2006-09-20

Hugo-Becker, Annegret; Becker, Henning; Psychologisches Konfliktmanagement; Beck-Wirtschaftsberater im dtv 1996

Holland, John; Diverse Veröffentlichungen; 1959, 1965, 1970, 1973

Hoyt, Michael F.; Psychodiagnosis of Personality Disorders; Transactional Analysis Journal; Vol. 19, No. 2; ISSN 0362-1537; 1989

James, Muriel; The OK Boss; Bantam Book; New York; 1977
Deutsch: James, Muriel; Mitarbeiter besser führen; mvg Verlag, Landsberg; 1986

Joines, Vann - Stewart, Ian; Personality Adaptions - A new Guide to Human Understanding in Psychotherapy and Counselling; Lifespace Publishing, Nottingham, Chapel Hill; 2002

Joines, Vann - Stewart, Ian; Die Transaktionsanalyse; Herder Verlag 1990

Kälin, Karl; Müri, Peter; Sich und andere führen, Ott Verlag, Thun, 1990

Kartmann, Siegfried; Wie wir fragen und zuhören könnten, Max Schimmel Verlag Würzburg 1993

Köster, Reinhard; Von Antreiber-Dynamiken zur Erfüllung grundlegender Bedürfnisse; Zeitschrift für Transaktionsanalyse; Junfermann Verlag, Paderborn; Heft 4, 1999
Kurtz, Ron; Körperzentrierte Psychotherapie, Die Hakomi Methode; Synthesis Verlag, Essen, 1985

Lammers, Willem; Persönlichkeits-Stile: Diagnose und Interventionen im Alltag; IAS, 1996

Leavitt, Harold J.; Managerial Psychology; University of Chicago Press, Chicago; 1972

Lievegoed, Bernard; Lebenskrisen - Lebenschancen - Die Entwicklung des Menschen zwischen Kindheit und Alter

Lowen, Alexander; Körperausdruck und Persönlichkeit. Grundlagen und Praxis der Bioenergetik; Kösel-Verlag, München, 4. Auflage 1991

Moers, Mathias; Die Entwicklungsphasen des menschlichen Lebens; Aloys Henn Verlag, Ratingen, 1953

Morgan, Gareth; Bilder der Organisation; Klett Cotta 2000

Nagel, Norbert; Den Draht zum anderen finden; Wirtschaftspsychologie Supplement 2002; Papst Science Publishers, Lengerich; 2002

Riemann, Fritz; Grundformen der Angst, Eine tiefenpsychologische Studie; Ernst Reinhardt Verlag; München; 1993; ISBN 3-497-00749-8

Rogoll, Rüdiger; Nimm dich, wie du bist; Herderbücherei, Freiburg; 1976

Sassen, Hans; Laufbahn und Lebenslauf als Selbstentwicklungsaufgabe; erschienen in Argogik, Zeitschrift für Fragen sozialer Gestaltung 3/92, Verlag Rolf Kugler; Schweiz

Sassen, Hans; Entwicklungsphasen des Menschen; Trigon Basiskonzept; Seminarunterlage

Schlegel, Leonhard; Handwörterbuch der Transaktionsanalyse; Herder Verlag, Freiburg; 1993, 2. A., 2002

Schmid, Bernd; Hipp, J.; Antreiber-Dynamiken - Persönliche Inszenierungstile und Coaching; Studienschrift Nr. 38; Institut für systemische Beratung; Wiesloch; 2001

Senge, M. Peter; Kleiner, Art; Smith, Bryan; Roberts Charlotte; Ross, Richard; Das Fieldbook zur fünften Disziplin; Klett-Cotta 2004

Sieber Hannes, Zehetner, Fritz; SIZE Forschung und Entwicklung; Trainermaterial, Trainingsunterlagen, z. T. unveröffentlicht; Biessenhofen - Marchtrenk; 1996 - 2006

Sieber Hannes, Zehetner, Fritz; Denken - Fühlen - Handeln; Das neue SIZE Trainings- und Coaching-Buch; Verlag Top im Job GmbH, Marchtrenk 2005, ISBN 3-902489-07-3

Steiner, R.; Vom Lebenslauf des Menschen; Stuttgart

Steiner, Claude; Wie man Lebenspläne verändert; Junfermannsche Verlagsbuchhandlung, Paderborn 1992

Stewart, Ian; Developing transactional analysis counselling; Sage, London; 1996

Stewart, Ian - Joines, Vann; Die Transaktionsanalyse, Eine neue Einführung in die TA; Herder Verlag, Freiburg; 1990

Toelstede, Bodo G.; Transaktionsanalyse für Verkäufer; Max Schimmel Verlag; Würzburg; 1994

Treichler R.; Die Entwicklung der Seele im Lebenslauf; Stuttgart 1981

Vogelauer, Werner; Methoden-ABC im Coaching; Luchterhand Verlag, Neuwied; 2000

Ware, Paul; Personality Adaptions - Doors to Therapy; Transactional Analysis Journal; 1983, 13
Deutsch: Ware, Paul; Anpassungen der Persönlichkeit - Türen zur Therapie; Transaktionsanalyse; 1992

Watzlawick, Paul; Nardone Giorgio; Kurzzeittherapie; Pieper Verlag, München und Zürich 1999

Watzlawick, Paul; Wie wirklich ist die Wirklichkeit? - Wahn, Täuschung Verstehen; Pieper Verlag München, 1989

Watzlawick, Paul; Die erfundene Wirklichkeit - Wie wissen wir, was wir zu glauben wissen? Beträge zum Konstruktivismus; Pieper Verlag München, 1988;

Woolams, Stan - Brown, Michael; Transactional Analysis; Huron Valley Institute Press; Dexter; 1978

Wouters, Arthur.; Smale, Gillian.; Diagnosis with Millon's Personality System: Implications for Transactional Analysis Therapy; Transactional Analysis Journal; Vol. 20, No. 2; ISSN 0362-1537; 1990

Zehetner, Fritz; Wer in Kontakt ist, verkauft!; Verlag Top im Job GmbH. Marchtrenk 2005, ISBN 3-902489-08-1